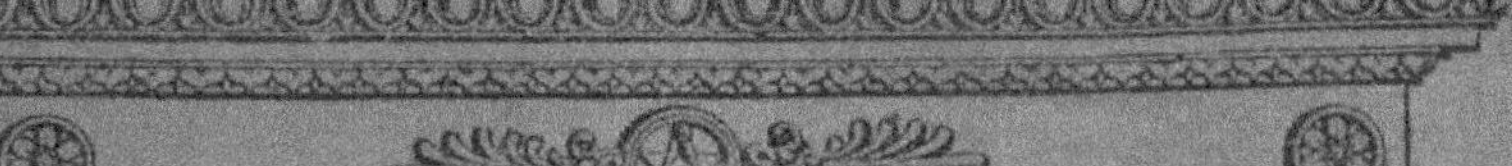

LE VIGNOLE DE POCHE

OU

MÉMORIAL DES ARTISTES

DES PROPRIÉTAIRES ET DES OUVRIERS

DESSINÉ ET GRAVÉ

Par THIERRY fils, Architecte-Graveur.

Deuxième Édition,

Entièrement refondue, corrigée, augmentée de plusieurs figures,

ET NOTAMMENT

D'UN DICTIONNAIRE COMPLET D'ARCHITECTURE CIVILE,

Par Urbain Vitry,

Architecte, Professeur de Géométrie et de Mécanique industrielles à l'École de Toulouse, Membre de la Société des Beaux-Arts, Correspondant du Recueil Industriel, etc. etc.

Prix : 5 FRANCS.

1827.

PARIS. — AUDOT, ÉDITEUR, rue des Maçons Sorbonne, n. 11.

LE VIGNOLE

DE POCHE.

Extrait du Code pénal.

Art. 425. Toute édition d'écrits, de composition musicale, de dessin, de peinture ou de toute autre production, imprimée ou gravée EN ENTIER OU EN PARTIE, au mépris des lois et règlemens relatifs à la propriété des auteurs, est une contrefaçon, et toute contrefaçon est un délit.

Art. 427. La peine contre le contrefacteur, ou contre l'introducteur, sera une amende de cent francs au moins et de deux mille francs au plus; et contre le débitant, une amende de vingt-cinq francs au moins et de cinq cents francs au plus.

La confiscation de l'édition contrefaite sera prononcée tant contre le contrefacteur que contre l'introducteur et le débitant.

Les planches, moules ou matrices des objets contrefaits seront aussi confisqués.

DICTIONNAIRE PORTATIF.

	Sans le Dictionnaire...........	4	» cent.
PRIX :	Avec le Dictionnaire...........	5	»
	Le Dictionnaire séparément.....	1	80

A. PIHAN DELAFOREST, IMPRIMEUR.

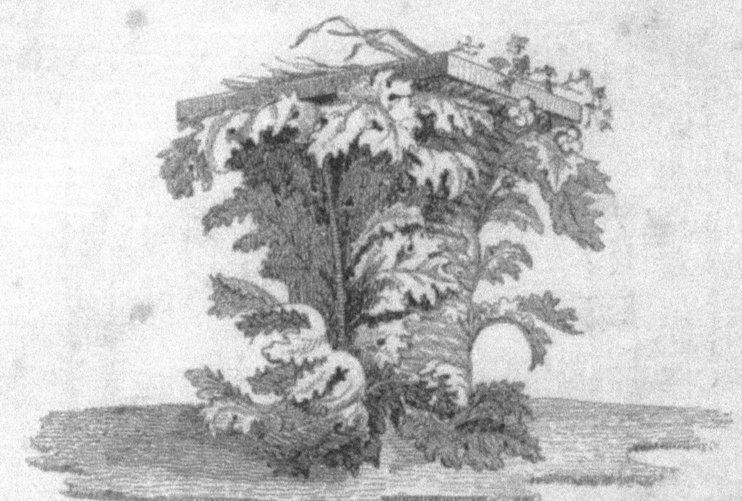

Origine du chapiteau corinthien.

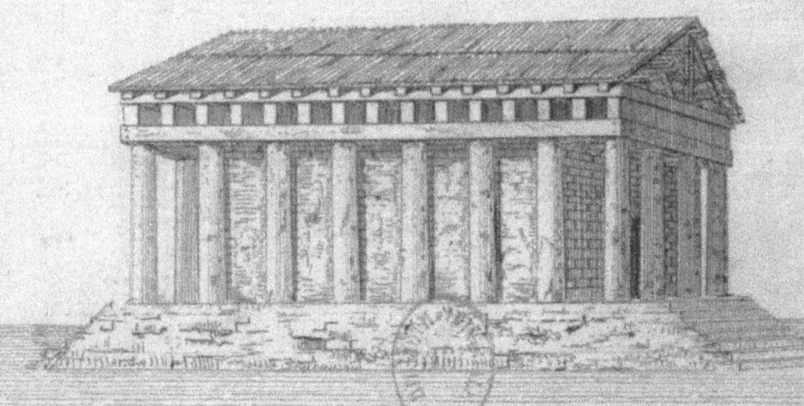

Construction primitive d'où les ordres tirent leur origine.

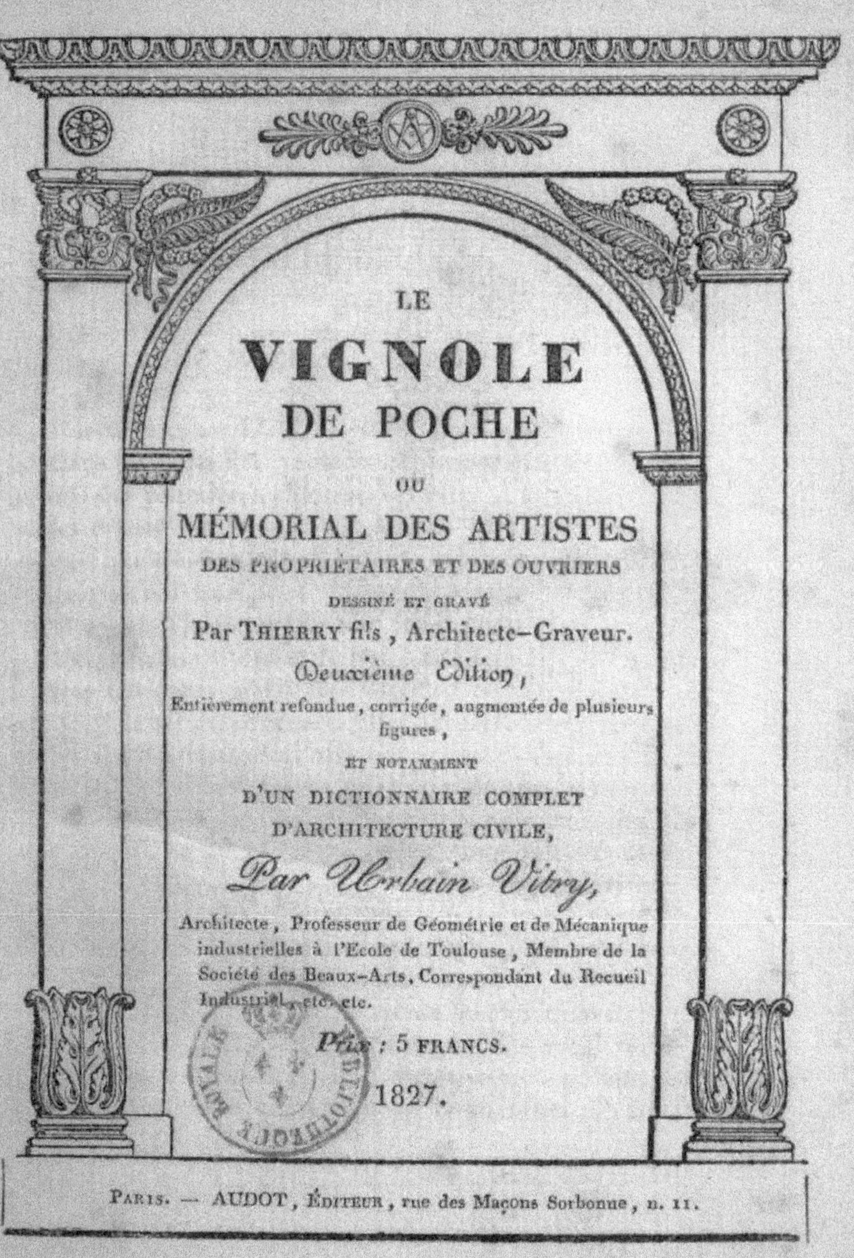

LE

VIGNOLE DE POCHE

OU

MÉMORIAL DES ARTISTES

DES PROPRIÉTAIRES ET DES OUVRIERS

DESSINÉ ET GRAVÉ

Par THIERRY fils, Architecte-Graveur.

Deuxième Edition,

Entièrement refondue, corrigée, augmentée de plusieurs figures,

ET NOTAMMENT

D'UN DICTIONNAIRE COMPLET D'ARCHITECTURE CIVILE,

Par Urbain Vitry,

Architecte, Professeur de Géométrie et de Mécanique industrielles à l'Ecole de Toulouse, Membre de la Société des Beaux-Arts, Correspondant du Recueil Industriel, etc. etc.

Prix : 5 FRANCS.

1827.

PARIS. — AUDOT, ÉDITEUR, rue des Maçons Sorbonne, n. 11.

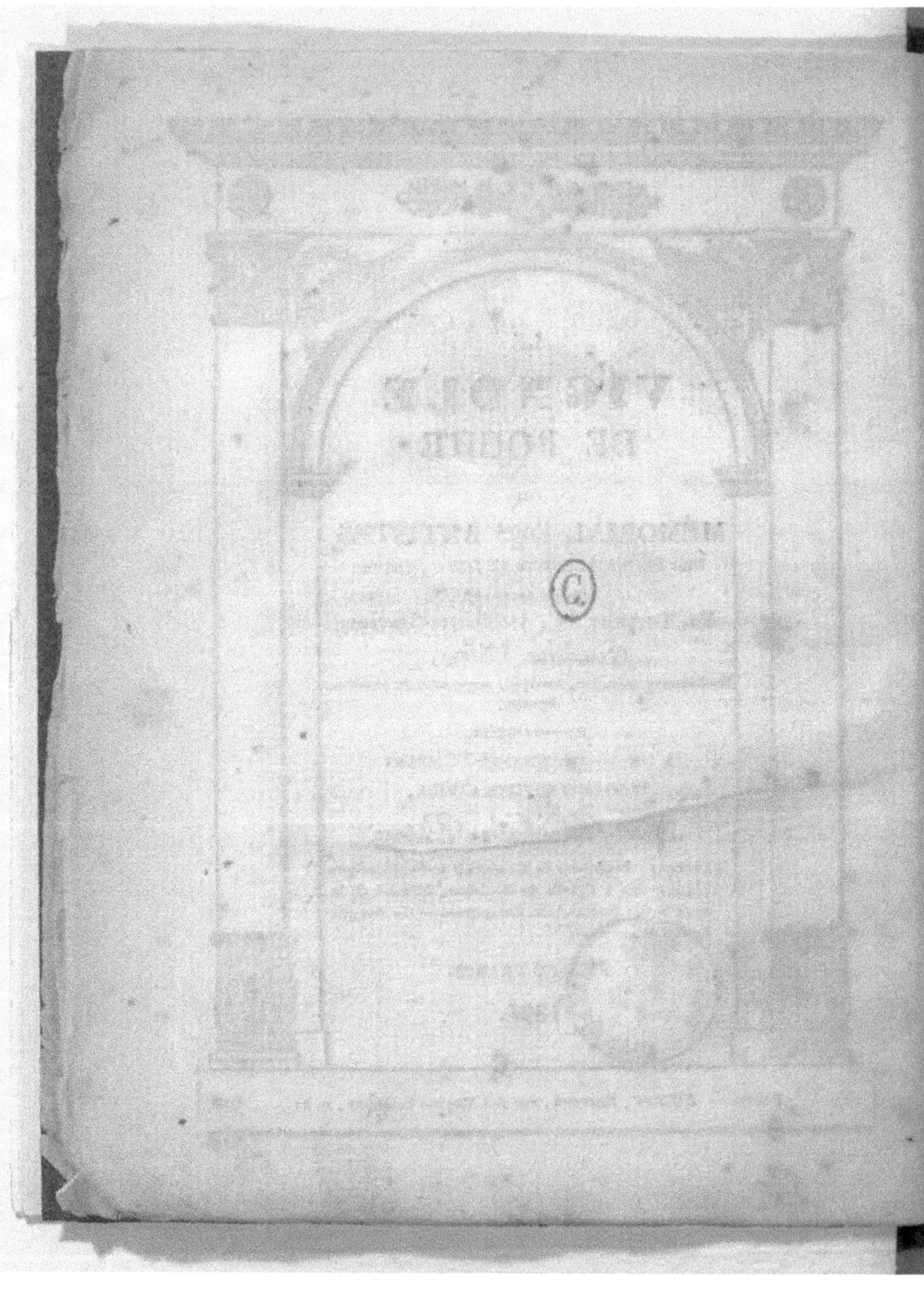

DES ORDRES
D'ARCHITECTURE.

Ce furent vraisemblablement les troncs d'arbres qui soutenaient les toits des anciens bâtimens qui fournirent la pensée des premières colonnes de pierre et de marbre dont on les décora par la suite, et non la proportion humaine, comme quelques auteurs l'ont prétendu. En effet, quelle relation une colonne peut-elle avoir véritablement avec la structure de l'homme? La tête et les pieds ont-ils un rapport avec le chapiteau et la base? Les hanches et les autres parties du corps ont-elles quelque correspondance avec son fût? Il est au contraire plus naturel de penser que les arbres seuls ont suggéré l'ordonnance générale des colonnes : le tronc de l'arbre qui va en diminuant du bas en haut a donné l'idée du fût ; l'étêtement de la naissance des branches à l'extrémité du tronc, faisant un enfourchement où il reste quelquefois des feuilles, a fait naître la pensée du chapiteau. De plus, les racines qui forment souvent au pied des arbres une espèce de bourrelet ou d'empatement, ont produit la représentation des bases.

Les entablemens tirent de même leur origine de la construction des planchers et des toits : les architraves représentent les pièces de bois horizontales qu'on mettait d'un pilier à l'autre pour soutenir le plancher ; la frise exprime l'épaisseur du plancher et le bout des solives qui le composaient ; enfin, la corniche n'est qu'une représentation de la saillie que l'on donnait à l'extrémité des pièces de bois inclinées qui formaient le toit, afin de faciliter l'écoulement des eaux, sans faire tort au bâtiment (*).

Les Égyptiens, qui se servirent les premiers de colonnes, les firent d'abord très matérielles et beaucoup plus grosses qu'il ne fallait, par rapport à leur élévation, ainsi qu'on le remarque dans les ruines de leurs plus anciens édifices. Ce furent les Grecs qui commencèrent à leur donner une grosseur relative à leur hauteur et au poids qu'elles devaient porter ; en conséquence ils différencièrent la proportion en solide, moyenne et délicate, et établirent trois genres de colonnes en rapport avec ces diverses manières, lesquelles ont retenu les noms des localités où elles ont été inventées.

Cette nouveauté heureuse ayant été universellement applaudie, ces peuples, à force d'études et de combinaisons, parvinrent à trouver des proportions agréables pour les diverses ordonnances d'architecture, relativement aux caractères de solidité, d'élégance et de légèreté qu'ils avaient institués. Ce beau une fois trouvé, on examina comment il parvenait à opérer son effet : on approfondit, par voie de comparaison, pour quelle raison certaines proportions produisaient un aspect plus satisfaisant que d'autres, pourquoi l'on en voyait qui plaisaient généralement, tandis qu'il y en avait qui semblaient blesser les yeux. De ces parallèles et de ces observations sont résultées les premières règles que l'on s'est appliqué depuis à développer.

(*) PATTE, *Mémoires sur l'Architecture.*

Moulures et composition des ordres.

Un ordre parfait se compose de trois parties principales : le piédestal, la colonne et l'entablement.

Le piédestal se divise en trois parties : la base, le dé et la corniche.

La colonne se divise de même en trois parties : la base, le fût et le chapiteau.

L'entablement se divise aussi en trois parties : l'architrave, la frise et la corniche.

Ces subdivisions sont elles-mêmes composées de parties différentes, en figure, en saillie et en hauteur, qu'on nomme *moulures*.

Les diverses figures de la planche 1re représentent les principales moulures qui sont le plus en usage dans l'architecture ; on a indiqué par des traits ponctués les lignes de construction de ces moulures ; ces lignes de construction, ordinairement tracées au crayon, doivent être soigneusement effacées lorsque le dessin est terminé.

Le *filet* fig. 7 appelé aussi *reglet*, la *baguette* fig. 8 et le *congé* fig. 9 sont des moulures qu'on conçoit facilement, sans qu'il soit nécessaire d'en donner l'explication. On y reconnaît évidemment des horizontales $a\ b\ c\ d$, $a'\ b'\ c'\ d'$; des verticales $b\ d'\ e\ f'\ g\ h$, et des portions de cercles $b'\ d'\ f\ g$ dont les lignes ponctuées indiquent les centres o, o'.

Le *listel* est une petite moulure carrée qui en accompagne une autre plus grosse.

Le *tore*, fig. 1re, est une grosse moulure nommée aussi *rond*, *boudin* ou *bozel*, et qui s'emploie particulièrement à la base des colonnes ; il est engendré par un demi-cercle dont le diamètre $m\ n$ est vertical.

Le *quart de rond* ou *échine droite*, fig. 2, ou renversé, fig. 3, est formé par un quart de cercle dont le centre est au point *p*.

Le *talon droit*, fig. 4, ou renversé, fig. 5, est dessiné ici avec ses *filets*. Il est formé de deux arcs de cercle *a d b*, *a d' b'*, unis bout à bout. Pour former cette moulure on mène la ligne *b b'*, qu'on divise en deux parties égales, au point *a* de ce point pour centre, et *a b* ou *a b'* pour rayon, on décrit deux arcs de cercle, l'un en dessus, et l'autre en dessous de la ligne *b b'*. Ensuite, et avec la même ouverture de compas, on décrit de chacun des points *b* et *b'* pour centre, d'autres arcs de cercle qui se croisent aux points *c* et *c'*. Enfin de ces derniers points pour centre, et avec la même ouverture de compas, on décrit successivement les arcs *a b d*, *a b' d'* qui forment le talon droit. C'est par une opération analogue que l'on obtient le talon renversé.

La *doucine* ou *gueule*, fig. 6, appelée aussi *cymaise* lorsqu'elle termine une corniche, se construit comme la moulure précédente; ce n'est en quelque sorte qu'un talon dont la concavité est changée en convexité et réciproquement.

Enfin la *scotie*, fig. 10, qu'on nomme quelquefois *trochile* ou *nacelle*, est une moulure dont on fait grand usage. Elle sert à lier d'une manière agréable les tores des bases des colonnes. Plusieurs auteurs ont donné diverses méthodes pour la tracer; voici celle qui paraît la meilleure.

Ayant abaissé la perpendiculaire B*b*, on prendra sur cette ligne un point C, tel que CB soit le tiers de B*b*, et l'on décrira le quart de cercle FB; on mène la ligne FC qu'on prolonge d'un quart en G. De ce point pour centre on décrira l'arc FK, moitié de FC. Par le point K et le point G, on mène une ligne qu'on prolonge d'une quantité IG égale au tiers de KG. Par le point E on mène la verticale EQ sur laquelle on porte la distance IK au point L. On joint le point L et le point I par une droite sur le milieu de laquelle on élève une perpendiculaire qui coupe la ligne EQ au point Q. On mène la ligne OIM, et du point I pour centre on décrit l'arc KM, et enfin du point O aussi pour centre on décrit l'arc ME qui termine la courbe de la scotie.

Ces diverses moulures sont décorées quelquefois d'ornemens particuliers dont la planche 1re fait connaître les principaux.

Les *postes* ou *entrelas*, fig. 11, s'emploient indifféremment sur les surfaces planes ou courbes.

Les *guillochis*, fig. 12, sont principalement affectés aux surfaces planes.

Les *oves*, fig. 13, ne décorent que les quarts de rond.

Et les *patenotres* ou *perles*, fig. 14, ne s'emploient que sur les baguettes.

On nomme profil un assemblage quelconque de moulures. L'art de profiler avec pureté et simplicité est une des parties les plus difficiles de l'art d'embellir les monumens. On doit grouper les moulures par masses que l'œil puisse aisément saisir, et pour cela il faut opposer les moulures les plus déliées aux plus volumineuses, et les formes droites aux formes courbes. Pour acquérir cet art, il faut s'exercer à tracer à la main un grand nombre de profils, et les indiquer avec sentiment.

DÉNOMINATION DES ORDRES.

L'architecte *Vitruve* qui vivait du temps d'Auguste, et d'après lui, les professeurs d'architecture, ont admis cinq ordres, savoir : le *Toscan*, le *Dorique*, l'*Ionique*, le *Corinthien* et le *Composite*..

Le Toscan se connaît par la simplicité de ses membres.

Le Dorique, par les triglyphes qui ornent la frise de son entablement.

L'Ionique, par les volutes du chapiteau de sa colonne.

Le Corinthien, par les feuilles du chapiteau de sa colonne.

Le Composite, par les feuilles du Corinthien réunies aux volutes de l'Ionique, qui ornent le chapiteau de sa colonne.

La planche 2e représente les cinq ordres sur une même hauteur.

Cette hauteur étant donnée, on la divise en dix-neuf parties égales : on en donne quatre au piédestal, douze à la colonne, et trois à l'entablement, c'est-à-dire que le piédestal est le tiers de la colonne, et l'entablement le quart ; telles sont les proportions que Vignole leur a données, d'après les observations qu'il a faites scrupuleusement dans les plus beaux édifices antiques, et qui ont presque toujours été suivies depuis par les plus habiles architectes.

La hauteur de la colonne fixée, lorsqu'on a déterminé l'ordre qu'on veut élever, si c'est l'ordre Toscan, il faut diviser cette hauteur en sept parties égales ; si c'est l'ordre Dorique, en huit ; si c'est l'ordre Ionique, en neuf ; et enfin si c'est l'ordre Corinthien ou composite, en dix ; et chacune de ces sept, huit, neuf ou dix parties égales fera le diamètre de l'ordre que l'on veut élever.

Le diamètre ayant été déterminé, il faut le diviser en deux parties égales, dont chacune sera ce qu'on appelle le *module* ou unité de l'échelle du dessin dont on s'occupe.

Le module se divise, pour les deux premiers ordres, en douze parties ou minutes, et pour les trois autres, en dix-huit parties pour éviter les fractions.

Le système de diminution de la colonne le plus généralement adopté, est celui qui commence au tiers inférieur du fût entre base et chapiteau.

Pour tracer convenablement un ordre, on fera bien de commencer par déterminer les principales hauteurs; on portera ensuite les saillies, afin de pouvoir profiler chaque ordre suivant les dimensions adoptées, et que nous allons détailler séparément.

Ordre toscan. *Planches* 3 *et* 4.

Cet ordre doit son origine à des anciens peuples de Lydie, venus d'Asie en Italie pour peupler la Toscane. Tous les membres de cet ordre portent un caractère de rusticité. Sa colonne a de hauteur sept fois son diamètre. On en conclut, comme nous l'avons dit précédemment, le module qui doit former l'échelle à l'aide de laquelle l'ordre est tracé; et comme il est le plus facile de tous, nous joindrons à la table des membres et moulures qui le composent une description particulière de la planche correspondante.

Membres de moulures qui composent l'ordre.			Hauteurs.	Saillies à partir de l'axe.
ENTABLEMENT.				
			part.	p.
Amortissem.		revers d'eau.	2	27 1/2
Corniches A. 18 parties.	cimaise supér.....	quart de rond....	4	27 1/2
		baguette..	1	24 »
		filet.......	1/2	23 1/2
	larmier...	congé.....	1	22 1/2
		larmier...	5	22 1/2
		canal.....	1	21 1/2
		mouchett.	1/2	19 1/2
		filet.......	1/2	14 »
	cimaise, infér......	talon	4	13 1/2
Frise B. 14 p.	....		14	9 1/2
Architr. C. 12 p.	filet.	listel......	2	11 1/2
	plate-bande......	congé.....	2	9 1/2
		face.......	8	9 1/2

La hauteur du canal est prise sur le larmier, et celle de la mouchette dans la hauteur du filet.

Membres de moulures qui composent l'ordre.			Hauteurs.	Saillies à partir de l'axe.
COLONNE.				
			part.	p.
Chapiteau D. 12 parties.	tailloir...	filet......	1	14 1/2
		congé.....	1	13 1/2
		larmier...	2	13 1/2
	cimaise...	quart de rond.....	3	13 1/2
		filet......	1	10 1/2
		congé.....	1	9 1/2
	gorgerin................		3	9 1/2
Fût 12 modul.	astragale.	baguette	1	11 »
		filet..	1/2	10 1/2
		congé.....	1	9 1/2
	fût........	fût.......	11 m. 8 p.	9 1/2
		congé.....	1 1/2	12 »
Base E. 12 p.	....	filet.......	1	13 1/2
		tore.......	5	15 1/2
		socle.....	6	16 1/2
PIÉDESTAL.				
Corn. G. 6 p.	cimaises..	listel......	2	20 1/2
		talon....	4	20 »
Dé. F. 44 p.	....	socle.....	5 m. 6 p.	16 1/2
		congé.....	2	16 1/2
Base. 6 p.	....	filet.......	1	18 1/2
		socle......	5	20 1/2

Après avoir construit l'échelle des modules de manière à ce que la hauteur totale de l'ordre puisse être renfermée dans le papier qu'on emploie, on tracera la base du piédestal, planche 2 : sur le milieu de cette base on élèvera une perpendiculaire formant l'axe de la colonne. On tirera ensuite des parallèles à la base, suivant les dimensions en hauteur indiquées au tableau précédent, en observant que pour opérer plus juste il vaut mieux ajouter aux précédentes dimensions, que de les prendre l'une après l'autre sur l'échelle.

Ainsi, l'on portera de part et d'autre au-dessus de la ligne de base 4 mod. 8 p. avec le compas, pour obtenir le dessus du piédestal; 5 mod. 8 p. pour le dessus du filet de la base de la colonne; 17 mod. 8 p. pour le dessus de l'astragale de la colonne; 18 mod. 8 p. pour le dessus du chapiteau; enfin, 22 mod. 2 p. pour le dessus de la corniche de l'entablement.

Ces principales divisions une fois déterminées, on trouvera facilement les subdivisions de chaque partie à l'aide du tableau. Cela fait, il ne reste plus qu'à fixer les saillies. Elles sont indiquées sur le même tableau, à partir de l'axe; et sur la planche n° 3 de détails, à partir du nû de l'entablement.

Les profils qui en résultent doivent toujours se faire des deux côtés en même temps, par la raison qu'une même ouverture de compas portée partout où elle est la même, est beaucoup plus juste que prise à différentes fois. La même planche n° 3 donne le tracé des différentes moulures qui entrent dans la composition des membres de l'ordre.

Ordre Dorique, *Planches* 5, 6 *et* 7.

L'ordre Dorique porte avec lui un caractère viril : c'est l'ordre par excellence et celui des héros.

Le bout des solives posées de champ pour former le plancher des premiers édifices, est représenté par les triglyphes, dont l'intervalle de l'un à l'autre, figuré par les métopes actuels, formait un carré parfait. Le bout de ces solives coupées et mises en place presque en même temps rendait une eau qui formait des écoulemens représentés par les canaux de ces triglyphes, et qui se répandait à l'extrémité goutte à goutte, ce que figurent encore les gouttes au-dessous de ces mêmes triglyphes.

L'entablement dorique est de deux sortes, l'une appelée mutulaire, l'autre denticulaire.

Le premier est tiré des antiquités romaines ; il est orné de mutules, espèces de larmiers saillans qui servent de couronnement aux triglyphes.

La frise comprend les triglyphes d'un module de largeur, subdivisés de demi-canaux et de canaux entiers ; ils doivent être placés à-plomb des colonnes, et être éloignés l'un de l'autre d'un intervalle appelé *métope*, égal à la hauteur de la frise.

Le fût de la colonne est quelquefois orné de cannelures ou portions circulaires creusées dans sa masse au nombre de vingt, se touchant l'une l'autre et formant vives arêtes.

Le deuxième entablement dorique, appelé *denticulaire*, parce que sa corniche est ornée de denticules, est tiré du théâtre de Marcellus à Rome ; il diffère du précédent par son architrave qui n'a qu'une seule plate-bande, et par sa corniche dont la cimaise inférieure porte un talon au lieu de quart de rond ; le premier larmier des denticules, et la cimaise supérieure un cavet au lieu de doucine.

Planche 6. Entablement dorique mutulaire.

MEMBRES DE MOULURES qui composent l'ordre.	HAUTEURS.	SAILLIES à partir de l'axe.	MEMBRES DE MOULURES qui composent l'ordre.	HAUTEURS.	SAILLIES à partir de l'axe.
	p.	p.		p.	p.
A. Corniche. 18 parties. filet de couronnement.	1	34			
doucine.	3	31	B. Frise. 18 p. triglyphe.	18	10 1/2
filet.	1/2	31	métope	18	10
talon.	1	30 3/4			
larmier.	3 1/2	30	C. Architr. 12 p. listel.	2	12
talon.	1	29 1/2	chapiteau des gouttes. .	1/2	11 1/2
mutule.	3	28 1/2	gouttes.	1 1/2	11 1/2
canal.	1/2	28	première plate-bande. .	6	10 1/2
goutte du mutule . . .	1/2	26	2e plate-bande ou face.	4	10
quart de rond.	2	13 1/2	D. Plan d'un triglyphe sur une échelle double.		
filet	1/2	11 1/2	E. Plan des gouttes rondes et carrées.		
chapiteau du triglyphe.	2	11	F. Élévation d'un triglyphe et des gouttes.		

Nous avons réuni sur la planche 8 les détails de l'ordre dorique avec entablement denticulaire ; ils sont compris dans le tableau suivant.

	MEMBRES DE MOULURES qui composent l'ordre.	HAUTEURS.	SAILLIES à partir de l'axe.
	ENTABLEMENT.		
		p.	p.
A. Corniche. 18 parties.	filet de couronnement	1	54
	cavet.	3	51
	filet.	1/2	28
	talon.	1 1/2	50
	larmier.	6	28 1/2
	canal ou verseau . . .	1/2	27 1/2
	filet.	1/2	25
	goutte sous le larmier. .	1/2	24 1/2
	denticule.	5	25
	filet.	1/2	13
	talon.	2	12 1/2
	chapiteau du triglyphe.	2	11
B. Frise. 18 p.	triglyphe	18	10 1/2
	métope.	18	10
C. Architrave. 10 parties.	listel.	2	11 1/2
	chapiteau des gouttes. .	1/2	11
	gouttes.	1 1/2	11
	face	10	10

	MEMBRES DE MOULURES qui composent l'ordre.	HAUTEURS.	SAILLIES à partir de l'axe.
	COLONNE.		
		p.	p.
D. Chapiteau. 12 parties.	listel.	1/2	15 1/2
	talon.	1	15 1/2
	tailloir.	2 1/2	14
	quart de rond.	2 1/2	13 3/4
	trois filets	1 1/2	11 1/2
	gorgerin.	4	10
	astragale { baguette. . .	1	12
	astragale { filet. . . .	1/2	11 1/2
	astragale { congé. . . .	1 1/2	10
	FUT DE LA COLONNE 14 MOD.	"	10
E. Base. 12 parties.	congé	1	12
	filet.	2/3	14
	baguette.	1 1/3	14 3/4
	tore	4	17
	socle.	6	17
	PIÉDESTAL.		
F. Corniche. 6 parties.	listel.	1/2	23
	quart de rond.	1	22 3/4
	filet.	1/2	21 3/4
	larmier.	2 1/2	21
	talon.	1 1/2	18 1/2
	DÉ DU PIÉDESTAL 4 MOD.	"	17
G. Base. 10 parties.	congé	1	17
	filet.	1/2	18
	baguette.	1	18 3/4
	talon renversé	2	19
	deuxième socle	2 1/2	21
	premier socle.	6	21 1/2

ORDRE IONIQUE. *Planches 9, 10 et 11.*

Cet ordre est ainsi nommé d'Ion, chef d'une colonie envoyée en Asie par les Athéniens, qui fit élever à Ephèse, l'une des treize grandes villes de Carie, trois temples de cet ordre, l'un à Diane, un à Apollon, et l'autre à Bacchus.

On l'appelle moyen, comme intermédiaire entre le Dorique et le Corinthien. Il est tiré des thermes de Dioclétien.

Les volutes de son chapiteau prirent naissance d'une écorce que l'on plaçait quelquefois entre l'extrémité supérieure de l'arbre et la tuile qui le couvrait pour le préserver de sa fraîcheur, et qui par la suite se tournait en forme de spirale ou volute.

Selon d'autres, le chapiteau fut composé à l'imitation des cheveux des femmes grecques, dont les boucles se tournaient en volute, ce qui leur fit dédier cet ordre.

Le tableau suivant comprend les différentes mesures des détails.

	MEMBRES DE MOULURES qui composent l'ordre.	HAUTEURS.	SAILLIES à partir de l'axe.
	ENTABLEMENT.	p.	p.
A. Corniche. 31 parties 1/2.	filet de couronnement.	1 1/2	46
	doucine ou cimaise supérieure.	5	»
	filet.	1/2	41
	talon.	2	40 1/2
	larmier.	6	38 1/2
	filet en refouillement.	1	29 1/4
	quart de rond.	4	28 1/4
	baguette.	1	25
	filet.	1/2	24 1/2
	cordon des denticules.	1 1/2	21
	denticules.	6	24
	filet.	1	20
	talon ou cimaise infér.	4	19 1/2
B. Frise.		27	15
C. Archit. 22 p. 1/2.	listel.	1 1/2	20
	talon.	3	19 2/3
	première face.	7 1/2	17
	deuxième face.	6	16
	troisième face.	4 1/2	15
D.	chapiteau vu de côté.	19	20
	ou par le coussinet.	16	17 1/2

Les cannelures de la colonne de cet ordre sont séparées par un listel.

	MEMBRES DE MOULURES qui composent l'ordre.	HAUTEURS.	SAILLIES à partir de l'axe.
	COLONNE.	p	p.
E. Chapit. 17 p.	filet.	1	20
	talon.	2	19 1/2
	listel.	1	17 1/2
	canal de la volute.	3	17
	quart de rond.	3	22
	astragale { baguette.	2	18
	astragale { filet.	1	17
	astragale { congé.	2	15
Fût de la colonne. 16 mod. 1 p.		6	15
F Base. 18 parties.	congé.	2	18
	filet.	1 1/2	20
	tore.	5	22 1/2
	filet.	1/4	20 1/2
	scotie.	2	20
	filet.	1/4	22
	deux baguettes.	2	22 1/2
	filet.	1/4	22
	scotie.	2	21
	filet.	1/4	24
	socle.	6	25
	PIÉDESTAL.		
G. Cornich. 12 p.	filet.	2/3	35
	talon.	1 1/3	34 3/4
	larmier.	3	33 1/2
	refouillement du larmier.	1/2	30
	quart de rond.	3	29 1/2
	baguette.	1	27
	filet.	1	26 1/2
	congé.	1 1/4	25
Dé du piédestal. 4 mod.		12 3/4	1 m. 7
H. base. 10 p.	congé.	2	25
	filet.	1	27
	baguette.	1 1/3	28
	talon renversé.	3	27 1/2
	filet.	2/3	31 2/3
	socle.	4	33

Tracé de la volute ionique. Planche 11.

Après avoir tracé les moulures du chapiteau, on établira l'œil de la volute sur l'horizontale E, à la rencontre de la verticale D ; puis on décrira de ce centre un cercle d'une partie de rayon, dont le diamètre vertical se nomme *cathète*, et forme la diagonale d'un carré dont on partagera les côtés en deux parties égales. On tirera par ces points de subdivisions les axes 1, 3 et 2, 4, qui seront divisés chacun en six parties égales : chacun de ces points sera l'un des centres qui servira à décrire le trait extérieur de la volute.

En mettant la pointe du compas sur le point 1, on tracera avec une ouverture qui s'étendra jusqu'en D, le quart de cercle DA.

On se reportera au point 2, et ainsi de suite, suivant l'indication de la figure I, planche 10.

Pour avoir les centres du trait extérieur de la volute, on divisera en quatre parties les divisions qui ont servi au premier trait. La première subdivision au-dessous de chacun des premiers points servira de centre à l'intérieur du listel.

La hauteur totale de la volute est de seize parties du module, dont neuf au-dessus de l'horizontale E, et sept au-dessous (*Planche 11*).

Ordre Corinthien. *Planches 12, 13 et 14.*

L'ordre Corinthien porte avec lui un caractère de délicatesse et d'élégance ; toutes ses parties sont susceptibles de la plus grande richesse, sa colonne a de hauteur dix fois son diamètre.

Vitruve rapporte qu'une jeune fille de Corinthe étant morte à la veille de se marier, sa nourrice plaça sur son tombeau une corbeille remplie de petits vases et autres bijoux qu'elle avait aimés pendant sa vie, et les couvrit d'une tuile pour les préserver des injures de l'air. Il arriva qu'au printemps, lorsque les feuilles commencèrent à pousser, la corbeille se trouva environnée des feuilles d'une plante d'acanthe sur laquelle elle avait été posée par hasard : ces feuilles, rencontrant la tuile, s'étaient recourbées par leurs extrémités. Callimaque, sculpteur, passant prés de là, vit la corbeille et les feuilles qui l'environnaient : il en fit un dessin qu'il imita avec art dans les colonnes qu'il fit élever depuis à Corinthe.

Le tableau suivant donne les détails de chaque partie de l'ordre.

	MEMBRES DE MOULURES qui composent l'ordre.	HAUTEURS	SAILLIES à partir de l'axe.
	ENTABLEMENT.		
		p.	p.
A. Corniche. 36 parties.	filet de couronnement.	1	53
	doucine.	5	53
	filet	1/2	48
	talon.	1 1/2	45 1/2
	larmier.	5	46
	talon.	1 1/2	45 1/2
	modillon	6	44 1/2
	filet	1/2	28 1/2
	quart de rond. . .	4	28
	baguette	1	25
	filet	1/2	24 1/2
	denticules. . . .	6	24
	filet	1/2	20
	congé.	3	19 2/3
B. Frise 27 part.	baguette	1	16 3/4
	filet	1/2	16 1/4
	talon.	1 1/4	15
C. Architrave. 27 parties.	filet	1	20
	talon.	4	19 2/3
	baguette	1	17
	premièreface . .	7	16 1/2
	talon.	2	16 1/3
	deuxième face. .	6	15 1/2
	baguette	1	15 1/2
	troisième face. . .	5	15

Les cannelures de la colonne de cet ordre sont séparées par un listel.

	MEMBRES DE MOULURES qui composent l'ordre.	HAUTEURS.	SAILLIES à partir de l'axe.
	COLONNE.		
		p.	p.
	Fût . . . 16 mod.	12	18
E. Base de la colonne. 18 parties.	congé.	2	20
	filet	1 1/2	21 5/8
	tore	5	22
	filet	1/4	20 1/2
	scotie.	1 1/2	20
	filet	1/4	21 3/8
	deux baguettes. .	1	22
	filet	1/4	21 3/8
	scotie	1 1/2	21 1/8
	filet	1/4	23
	tore	4	25
	socle.	6	25
	PIÉDESTAL.		
F. Corniche. 14 parties 1/4.	filet	2/3	33 1/2
	talon.	1 1/3	33 1/4
	larmier.	5	32
	gorge.	1 1/4	30 3/4
	baguette	1	26 1/2
	filet	3/4	25 3/4
	frise	5	25
	baguette	1 1/4	26 7/8
Dé. 91 p. 1/3.	filet	3/4	26 1/4
	congé.	1 1/2	25
	dé	87 1/4	25
	filet	1 1/2	25
	congé.	3/4	26 1/4
G. Base. 14 p. 1/4.	baguette	1 1/4	27 1/4
	talon renversé. .	5	26 5/8
	filet	1	30 3/4
	tore.	3	32 1/2
	socle	6	32 1/2

Planches 11 et 13. Modillon corinthien.

Pour tracer le modillon corinthien, on établit d'abord le profil sur lequel il s'appuie, ainsi que le caisson qui orne le dessous du larmier. On porte ensuite six parties de hauteur sur seize de saillie pour le modillon. On construira une petite échelle, comme il est indiqué planche 11, de trois parties et demie de la grande; elle sera divisée en seize parties. La figure fait voir les dimensions à donner aux petits carrés dont les angles serviront de centre pour décrire les parties tournantes du modillon. Après avoir tracé la ligne AB, on la divisera en quatre parties égales par des lignes perpendiculaires, qui, rencontrant les verticales partant de A et de B, donneront des points pour tracer les arcs de cercle qui achèvent la forme du modillon.

La feuille d'acanthe qui supporte le modillon et le profil de la rosace qui orne le caisson se tracent également au compas.

Planche 14. Tracé du chapiteau corinthien.

Le plan est moitié de face et moitié sur l'angle. Après avoir tracé l'axe du plan correspondant à l'axe de l'élévation du chapiteau, on décrit un cercle de deux modules de rayons, que l'on subdivise en seize parties égales, dont chacune correspond au milieu de chaque feuille. Le vase du chapiteau est déterminé par un cercle de quatorze parties et demie de rayon; la figure indique les cercles qui terminent les feuilles montantes sur le vase.

L'élévation indique les hauteurs sur lesquelles les saillies du plan sont rapportées; au-dessus des feuilles sont les seize volutes, dont les huit grandes supportent les quatre angles du tailloir, et les huit petites supportent le bord inférieur du vase, ainsi que les quatre fleurons qui ornent les milieux du tailloir.

Les volutes, vues de profil, peuvent se tracer au compas; mais elles sont toujours décrites plus agréablement à l'œil et à la main qui en suivra les contours.

Les différentes parties du chapiteau sont indiquées comme il suit :

A. Plan des feuilles et du tailloir.
B. Plan des grandes et petites volutes.
C. Vase ou corps du chapiteau.
D. Premier rang de feuilles.
E. Second rang de feuilles.
F. Caulicole.
G. Grande volute.
H. Petite volute.
I. Fleuron.
K. Tailloir.
L. Bord du vase.

Ordre Composite. *Planches 15, 16 et 17.*

L'ordre Composite, ainsi appelé, parce qu'en effet il est composé des deux précédens, est d'une élégance moyenne entre eux; aussi tous les membres analogues à son caractère participent-ils du moyen de l'Ionique et de la délicatesse du Corinthien.

Cet ordre fut composé par les Romains, lorsqu'ils élevèrent un arc de triomphe en l'honneur de l'empereur Titus, après la conquête de Jérusalem.

Le tableau suivant comprend le détail des membres de l'ordre.

	MEMBRES DE MOULURES qui composent l'ordre.	HAUTEURS.	SAILLIES à partir de l'axe.
	ENTABLEMENT.	p.	p.
A. Corniche, 36 parties.	filet du couronnement.	1 1/2	51
	doucine.	5	51
	filet.	1	46
	talon	2	45 1/2
	baguette.	1	43 3/4
	larmier.	5	43
	doucine sous le larmier. . . .	1 1/2	41
	filet.	1	35
	talon	4	32 1/3
	filet des denticules	1/2	28
	denticule	7 1/2	29
	filet.	1	23
	quart de rond . .	5	22
B. Frise. 27 part.	baguette	1	17
	filet	1/2	16 1/4
	congé.	1	15
C. Architrave. 27 parties.	filet.	1	22
	cavet.	2	20 1/2
	quart de rond. .	3	20
	baguette.	1	17 3/4
	première face . .	10	17
	talon.	2	16 2/3
	deuxième face. . .	8	15

Les cannelures de la colonne de cet ordre sont séparées par un listel.

	MEMBRES DE MOULURES qui composent l'ordre.	HAUTEURS.	SAILLIES à partir de l'axe.
	COLONNE.	p.	p.
	Fût. . . . 16 mod.	12	18
E. Base de la colonne. 18 parties.	congé.	2	20
	filet.	1 1/2	20
	tore.	3	22
	filet.	1/4	20 1/2
	scotie.	1 1/2	21
	filet.	1 1/4	21 1/3
	baguette.	1/2	21 3/4
	filet	1/4	21 1/3
	scotie.	2	20 2/3
	filet.	1/4	23
	tore	4	25
	socle	6	25
	PIÉDESTAL.		
F. Corniche. 14 parties.	filet	2/3	55
	talon	1 1/3	52 3/4
	larmier.	3	51 1/2
	doucine.	1 1/3	28 1/2
	filet.	1/3	26 1/4
	cavet.	1	25 1/4
	frise	3	25
	baguette.	1	27
Dé. 94 parties.	filet	1	26 1/4
	congé	1 1/4	25
	dé.	88 3/4	25
	congé.	2	27
	filet.	1	27
G. Base. 12 parties.	baguette. . . .	1	27 3/4
	talon renversé. .	3	30 1/4
	filet.	1	31 1/4
	tore.	3	33
	socle.	4	33

Planche 17. Tracé du chapiteau composite.

Le chapiteau composite participe des chapiteaux ionique et corinthien ; il n'a que huit volutes qui reposent sur le second rang de feuilles, et remontent jusque dans le tailloir. Sa masse totale est la même que celle du corinthien. Les deux rangs de feuilles sont les mêmes, et par conséquent le corps du vase est de même grosseur.

Le tailloir qui couronne le chapiteau a aussi la même forme par son plan.

La volute de ce chapiteau, développée verticalement et vue de face, se trace comme la volute ionique; mais à cause de sa position, elle ne peut être bien décrite qu'à la main, guidée par l'œil.

On voit par le plan que ces volutes sont inclinées et prennent la courbure du tailloir.

On disposera le plan du chapiteau composite comme on a fait pour le chapiteau corinthien, en ayant soin de faire suivre en même temps pour l'élévation les points correspondans. Les parties du chapiteau indiquées planches 17 sont les suivantes :

A. Plan vu de face.
B. Plan vu sur l'angle.
C. Vase ou corps du chapiteau.
D. Premier rang de feuilles.
E. Second rang de feuilles.
F. Volutes.
G. Fleuron.
H. Tailloir.

Planche 18. Accord des ordres entre eux.

Pour comparer entre eux les ordres d'architecture, nous reprendrons la division donnée page 7 pour un ordre en général. Après avoir pris une ligne à volonté pour la hauteur de l'ordre Toscan, et l'avoir divisée en dix-neuf parties égales, on en prendra quatre pour le piédestal, douze pour la colonne, et trois pour l'entablement.

Le module adopté pour l'ordre Toscan étant le quatorzième de la hauteur totale de la colonne, il suit que les dix-neuf divisions de l'ordre entier seront ainsi subdivisées : Les quatre divisions du piédestal feront quatre modules huit parties ; les douze divisions de la colonne feront quatorze modules ; enfin, les trois divisions de l'entablement feront trois modules six parties.

La hauteur totale de l'ordre Corinthien étant de trente-un modules douze parties, il faudra donc faire correspondre à la verticale représentant les dix-neuf divisions de l'ordre Corinthien, une ligne qui aura pour auteur trente-un modules douze parties ; en sorte que les quatre divisions pour le piédestal auront de hauteur six modules douze parties, les trois divisions pour l'entablement auront cinq modules, et enfin les douze divisions de la colonne auront vingt modules.

Cela posé, si l'on espace à volonté les deux axes des deux ordres Toscan et Corinthien, et que l'on élève à distances égales entre elles deux autres verticales pour former les axes des ordres Dorique et Ionique, les intersections de ces verticales avec l'oblique menée aux sommets des deux premières donneront les hauteurs correspondantes des parties des ordres intermédiaires, ainsi que l'indique la planche 17 sur laquelle ces parties sont cotées.

Comme l'ordre Composite a les mêmes dimensions que

l'ordre Corinthien, on a disposé sur la même planche, à la place de l'ordre Composite, les proportions du Corinthien de Palladio, dont quelques monumens construits en Italie offrent l'application.

Entrecolonnement.

La planche 19 offre pour chaque ordre les distances qui doivent être gardées entre les axes des colonnes des portiques. Les planches 20, 21, 22, 23 présentent les élévations des colonnes, avec les cotes indiquant les mêmes distances.

Quoique les indications soient ainsi données par Vignole, nous pensons que plus les colonnes sont massives, et plus elles doivent être espacées; plus elles sont élégantes, et plus elles doivent être serrées : le moindre espacement qu'on ait donné dans l'antiquité est de trois modules, ou cinq d'axe en axe : ce devrait être celui du Corinthien, tandis que l'espacement du Toscan pourrait être de huit modules d'axe en axe. Les ordres intermédiaires auraient un espacement relatif.

Portiques et arcades.

Lorsque les soutiens isolés sont fort éloignés les uns des autres, on les réunit par des arcs, au lieu de les relier par des plate-bandes.

Les arcs doivent toujours reposer immédiatement sur la colonne, là où les arcades sont continues, et poser sur une architrave là où elles sont alternatives.

Si les arcs reposent sur des piédroits, soit qu'on les entoure d'une archivolte ou non, il faut toujours mettre une imposte pour recevoir la retombée de ces arcs : le profil d'une imposte ou d'une archivolte est le même que celui d'une architrave.

Les planches 19, 20, 21, 22 et 23 donnent le plan et

l'élévation pour chacun des ordres d'un portique avec arcade sans piédestal.

Les planches 24, 26, 27, 28 et 29 donnent le plan et l'élévation pour les mêmes ordres d'un portique avec piédestaux.

La planche 25 comprend les détails des impostes et archivoltes des arcades pour chaque ordre, lorsqu'il est accompagné de piédestaux : cette planche forme le complément des détails d'arcades contenus sur les planches 3, 6, 9, 10 et 15.

Toutes ces planches offrent des dessins cotés qui complètent le tracé d'un ordre appliqué aux portiques et arcades.

ORDRE PESTUM. *Planches* 30, 31 *et* 32.

Quoiqu'on ait souvent cherché à composer quelque nouvel ordre, tout ce qui a été présenté rentre dans les ordres grecs ou romains connus jusqu'à ce jour ; les ordres gothiques, persiques, français, allemands, etc., ne sont que des altérations plus ou moins fâcheuses des types primitifs ; toutefois nous avons cru devoir joindre aux planches précédentes les détails d'un sixième ordre, non moins beau et plus ancien qu'aucun des autres, mais qui n'était plus en usage du temps de Vitruve, et que les architectes modernes ont retrouvé depuis moins d'un siècle dans les ruines d'un des temples de l'ancienne ville de Pestum, et qu'on dit avoir été dédié à Neptune. Ce système d'architecture fut appelé d'abord *ordre pestum*, puis dorique antique, et enfin dorique grec ; nous adoptons la première de ces dénominations comme la plus usitée.

On remarque, planche 32, que les entrecolonnemens des angles sont plus serrés que ceux du milieu. La corniche rampante ne contient point de modillons. On voit aussi un triglyphe aux angles de la frise, et dans cet exemple l'on n'a pas eu égard à l'aplomb des colonnes pour le placement du milieu de chacun d'eux.

Les détails de la planche 30 font voir le nu de l'architrave en saillie sur l'extrémité du diamètre supérieure de la colonne, en quoi ce temple diffère des règles données par Vitruve.

La colonne a vingt-quatre cannelures qui se touchent à vive arête; les canelures des triglyphes sont cintrées par le haut, et triangulaires en plan. On trouve aussi un modillon au-dessus de chaque métope comme au-dessus de chaque triglyphe.

On peut remarquer encore que les plafonds du larmier et des modillons (planche 31), sont inclinés suivant la pente du fronton (15 degrés), ce qui donne plus de hauteur apparente aux moulures inférieures de la corniche, et prouve que les anciens suivaient encore en cela l'origine de l'architrave, puisque les modillons ne sont autre chose que l'image des bouts de chevrons de la couverture.

Les gouttes que l'on voit sous les modillons dans le plan du plafond sont en creux, puisqu'on ne les voit pas en élévation.

Application et expression des Ordres.

Nous terminerons la description que nous avons donnée des différens ordres d'architecture, par les préceptes suivans que nous devons à l'auteur du Vignole moderne.

Dans l'origine primitive, les ordres furent consacrés à la décoration des temples pour distinguer ces monumens de la demeure des hommes; dans la suite, ils furent employés à la magnificence des villes et à manifester la grandeur des princes : aujourd'hui on en abuse en les appliquant à nos maisons particulières; partout nous voyons sans distinction des colonnes et des pilastres; ce qui eût passé chez les Grecs et les Romains pour un déréglement d'imagination, est devenu de nos jours un objet d'émulation entre les artistes, et un moyen pour eux de trouver la récompense de leurs travaux. L'artiste doit toujours craindre d'asservir son art, et de s'écarter de la route en s'éloignant de l'esprit de convenance qui fait seule la véritable architecture.

Les Grecs, doués d'un génie heureux, avaient saisi avec justesse les traits qui caractérisent la nature; ils ont jugé qu'en imitation il y avait un choix à faire; avant eux les beautés de l'art ne consistaient que dans l'énormité des masses et l'immensité des entreprises: plus éclairés que leurs prédécesseurs, ils aimèrent mieux plaire que d'étonner, et crurent que l'unité et les proportions devaient faire la base de leurs productions. Dans la suite, lorsque les arts se furent réfugiés en Italie, on se porta en Grèce, on y creusa jusque dans les tombeaux; on apporta à Rome l'antiquité et toute sa splendeur; on étudia les ouvrages, on y recueillit des règles, des principes et des exemples sans nombre; enfin l'imitation de l'antiquité fut pour les Romains ce que la nature avait été pour les Grecs; ils apprirent bientôt que son vrai but était de plaire, ce qui servit de guide à leur génie, et de règle à leurs compositions.

La connaissance des ordres d'architecture doit donc animer l'artiste et lui inspirer les belles proportions, l'accord et l'armonie qui charment les sens. L'architecture, comme la poésie et la musique, est susceptible d'expression grave ou légère, riche ou simple; c'est elle qui donne à l'édifice un caractère convenable, qui embellit les cités, qui attire l'étranger et relève la gloire des nations. Là, s'élève un temple auguste et majestueux ; ici, un magnifique palais ; plus loin, un superbe hôtel-de-ville.

L'artiste qui consacre ses veilles à l'étude des Ordres, apprend à distinguer leur vrai caractère, à les placer chacun convenablement, et à les supprimer à propos pour en substituer l'expression qu'il répand dans tous les membres, dans toutes les moulures et dans tous les ornemens qui concourent à la décoration des façades.

Mais ce n'est pas seulement dans les ordres que l'on emploie qu'on doit établir de sages proportions, il faut encore, lorsqu'on élève un édifice, que les diverses parties qui composent son ensemble soient en harmonie avec l'ordonnance qu'on a adopté. Si, par exemple, l'édifice est du genre toscan ou dorique, qui présentent l'idée de la force et de la sévérité, les portes, les croisées, etc., devront offrir le même caractère, tandis que les ordres Ionique et Corinthien exigeront des formes plus sveltes, plus dégagées. Quelques préceptes suffiront pour faire connaître les règles généralement adoptées à cet égard par les architectes les plus célèbres.

Portes et croisées.

Les portes et les croisées se font en arcades lorsqu'elles sont fort larges, ou se terminent carrément, lorsqu'elles n'ont qu'une largeur ordinaire; elles présentent alors la forme d'un parallélogramme rectangle, et doivent avoir les proportions suivantes :

Hauteur d'une porte ou croisée toscane 1 fois 11/12 de la largeur.

— Dorique. 2

— Ionique. 2 1/12

— Corinthienne. 2 1/6

Dans les étages supérieurs ou dans les entresols, on pratique quelquefois des croisées parfaitement carrées, et qu'on nomme *mezzanines* (pl. 33, fig. 3), quelquefois même on ne leur donne en hauteur que les deux tiers de la largeur.

On appelle *chambranles* les cadres de pierre ou de bois qui soutiennent ou décorent l'ouverture d'une porte, d'une croisée ; on leur donne de largeur le cinquième ou le sixième de l'ouverture, selon que l'ordonnance est toscane et dorique, ou ionique et corinthienne. Leur saillie est du sixième de leur propre largeur. On orne les chambranles, de moulures, ayant le profil des architraves. Celles qui sont indiquées dans les fig. 1 et 2 ont été données par Vignole.

Les croisées sont ordinairement surmontées d'un entablement A B, égal au tiers de la hauteur pour les proportions toscanes et doriques, et le quart de la même hauteur pour les ordres Ionique et Corinthien. Sur les corniches on met souvent un fronton pour rejeter les eaux, fig. 1 ; quelquefois on soutient l'extrémité de la corniche par une console dont la largeur est moitié de celle chambranle. Ces frontons ne doivent guère être employés que dans les décorations ioniques ou corinthiennes.

Toutefois il est à remarquer que lorsque le dernier rang des croisées, telles que celles d'un second ou troisième étage, se trouve trop près de la corniche qui termine l'édifice, on ne doit pas mettre des corniches aux croisées, il suffit alors des chambranles ou d'un simple bandeau.

Frontons.

Les premières habitations étaient probablement couvertes de feuilles et de branches d'arbres horizontales. Mais ces sortes de couvertures n'étaient pas susceptibles de donner de l'écoulement aux eaux pluviales. On inventa les couvertures inclinées, dont les deux pentes formaient un triangle sur le mur de face (*voyez* le frontispice), triangle que par la suite on décora de moulures semblables à celle de la corniche qui représente la saillie des pièces de bois qui formaient le fronton.

D'après l'invention des voûtes on a fait des frontons circulaires, mais le bon goût les a proscrits avec juste raison, ainsi que les frontons brisés et ceux dont la base était interrompue, dispositions plus bizarres les unes que les autres et qui n'avaient leur source que dans les écarts d'une imagination déréglée.

La proportion des frontons dépend évidemment de l'inclinaison du comble de l'édifice; toutefois ceux qui présentent un angle aigu doivent être proscrit comme produisant toujours un mauvais effet. Voici le moyen géométrique généralement adopté par les architectes pour trouver la hauteur des frontons.

Soit la perpendiculaire D E qui passe par le milieu de la base du fronton M N (pl. 33, fig. 4), on porte de C en E une partie C F égale à M C, moitié de M N et du point F comme centre, on décrit l'arc M G N; la distance C G sera la hauteur cherchée.

Ainsi que nous l'avons déjà dit, la corniche rampante du fronton doit être la même que celle du bâtiment; ordinairement on supprime, dans la partie de cette corniche, qui sert de base au fronton, la cymaise supérieure (fig. 1), afin de donner plus de hauteur au tympan H, c'est-à-dire à l'espace compris entre les rampans du fronton.

Les frontons doivent être employés avec beaucoup de prudence et de ménagement, et doivent être uniquement réservés pour les portes ou les croisées, ou pour les parties des édifices en avant-corps, ou qui doivent pyramider ; on doit surtout éviter l'abus qu'en avaient fait les achitectes du siècle dernier, qui avaient poussé l'absurdité jusqu'à placer trois ou quatre frontons les uns dans les autres.

Il faut donc éviter d'établir deux frontons l'un sur l'autre, à moins que le plus élevé ne couronne un édifice plus éloigné.

Balustrades.

Les *balustrades* sont des murs d'appui composés de petites colonnes nommées *balustres*, dont le fût a la forme d'une poire; les colonnes sont élevées sur un socle et surmontées d'une tablette. On les emploie particulièrement à former des appuis de croisées, des terrasses, etc.

Quelquefois les balustrades servent à terminer un édifice et à masquer le comble; on leur donne alors environ le double de la saillie de la corniche de l'entablement qu'elles surmontent.

Dans tous les cas la hauteur totale de la balustrade se divise en neuf parties, dont trois pour le socle, une pour la tablette ou corniche, et cinq pour le balustre.

On détermine les proportions et le genre des moulure, et d'ornement du balustre, selon l'ordre d'architecture auquel on l'associe, sans autre règle néanmoins que celle du goût. Les fig. 5 et 6 de la planche 53, offrent les deux formes les plus généralement usitées; le balustre, fig. 5, s'emploie dans les décorations toscanes et doriques. Celui de la fig. 6, qui présente plus de légèreté, est presque spécialement affecté à l'ordonnance ionique ou corinthienne.

Refends et bossages.

Les refends sont une imitation des joints des pierres; on les emploie pour décorer les façades d'un genre sévère, c'est-à-dire d'ordonnance toscane ou dorique seulement.

L'espace entre les refends se nomme *assise*, quand il est sur le même plan que le nu du mur, pl. 33, fig. 7, et *bossage* quand il est saillant, fig. 8; la hauteur des assises ou bossages doit être constamment d'un module de l'ordre employé.

La hauteur des refends qui séparent les assises doit être un dixième de celle de ces assises, fig. 7. Celle des bossages doit être du huitième desdits bossages, fig. 8. Dans tous les cas la profondeur de ces refends est égale à la moitié de leur largeur.

COUPOLES ET CAISSONS.

On nomme *coupole*, la partie concave des voûtes sphériques qui surmontent en général les monumens et même les salles dont le plan est circulaire; on orne ces coupoles de compartimens séparés par des côtes qui se coupent à peu près à angle droit. Ces compartimens se nomment *caissons*, *panneaux* ou *cassettes*, et affectent la forme d'un trapèze symétrique; on remplit ordinairement ces caissons, d'ornemens variés tels que rosaces, mascarons, mufles d'animaux, groupes de fleurs ou de fruits, feuillages, arabesques, etc.

La difficulté qu'éprouvent les personnes peu familiarisées avec la géométrie descriptive, pour tracer les projections horizontales et verticales des coupoles ornées de caissons, nous a engagé à donner quelques détails à cet égard.

TRACÉ DES CAISSONS.

Soit les murs B et C, pl. 34, fig. 1re, sur lesquels doit être construite la coupole; on joint l'extrémité de ces deux murs par une ligne droite BC, et du point A pour centre milieu de cette droite, on décrit une demi-circonférence de cercle, qui sera la projection verticale de la coupole; avec la même ouverture de compas et d'un point A′ situé sur la même verticale que le point A, on forme la projection horizontale B′C′; le diamètre des colonnes ou des pilastres qui supportent la coupole, donne la largeur et la position des côtes E′, F′, G′, I′, etc.; de ces divers points on mène au centre A′ des rayons E′, H′, F′, K′.., qui se terminent à la projection horizontale L′M′ de la lanterne LM, fig. 1re, que l'on pratique ordinairement au sommet de la coupole pour donner passage à la lumière.

Cette première opération étant faite, on divise le quart de cercle BD, fig. 1re, en un nombre assez considérable de parties égales; par exemple, en 20 qu'on porte sur une ligne droite NO, fig. 3, on prend la largeur d'une côte E′F′ que l'on porte de O vers N au point P″, on porte ensuite de P″ vers N la largeur des caissons F′G′, on porte les distances OP″ et PQ″ sur l'arc BD, fig. 1re, aux points P, Q; par ces points on abaisse des perpendiculaires qui viennent couper la ligne A′B′, fig. 2, aux points Q′....., du point A′ pour centre et A′Q pour rayon, on décrit un quart de cercle qui coupe les rayons E′H′, F′K′ aux points S′T′; on prend la distance S′T′, fig. 2, que l'on porte de Q″ vers N, fig. 3, au point V′, ce sera la largeur de la deuxième côte horizontale; on porte ensuite de V′ en N la distance T′U′ au point X′, reportant ensuite ces distances sur l'arc BD, fig. 1re, on obtient les points V et X en menant des horizontales par les points P, Q, V, X, et continuant l'opération pour chaque caisson, on obtient les lignes PZ, QR, VY..., fig. 1re, qui donnent la largeur des côtes horisontales en abaissant des points P, Q, V, X, etc.; des perpendiculaires, on peut tracer les arcs de cercle 12, 34, etc., fig. 2, et par leurs points d'intersection avec les côtes E′H′ F′K, etc., on mène des perpendiculaires qui coupent les horisontales PZ, QR, etc., fig. 1re, en divers points par lesquels on fait passer des courbes 45, 67, fig. 1re, et on obtient la projection verticale de la coupole.

Il est fort essentiel que les élèves s'exercent à faire cette opération qui se présente souvent dans l'exécution des dessins d'architecture, et qui d'ailleurs les familiarisera avec les principes des projections.

CONCLUSION.

Telles sont les règles principales que l'on doit observer dans la construction et la décoration des édifices; c'est dans l'étude de ces règles et surtout dans celle des ordres, que les plus habiles architectes ont puisé, comme dans une source féconde, le germe des chefs-d'œuvre qu'ils ont produits; ouvrages élevés autant à leur gloire qu'à celle des nations qui ont encouragé leurs talens, car les arts sont le plus beau titre d'un peuple et le seul testament qu'il puisse laisser à l'avenir.

ORDONNANCE INTÉRIEURE
DES BATIMENS.

Superficies des	Appartemens grands ou de parade	Appartemens moyens ou de société	Appartemens petits ou privés
vestibules	12 à 16 toises.	6 à 8 toises.	3 à 4 toises.
antichambres	10 à 12	8 à 10	4 à 5
salles	18 à 24	10 à 14	3 à 6
salons	20 à 40	12 à 16	6 à 8
chambres	20 à 25	10 à 15	5 à 8
cabinets	10 à 12	4 à 6	2 à 3
cages d'escaliers	20 à 30	6 à 8	3 à 4

Hauteur des étages: caves 7 à 9 pi.; rez-de-chaussée 12 à 16; entresol 7 à 8; premier 10 à 15; deuxième 9 à 12; troisième 8 à 10; quatrième [illegible].
Voûtes des caves, 15 à 20 pouces, et 4 à 5 de charge.
Planchers, 12 à 16 pouc., compris carreaux ou pavés.

Escaliers, longueur des marches: grands 5 à 6 pieds; moyens 4 à 4 6 pouc.; petits 3 à 3 6; de dégagement 24 à 30 pouces.
Marches: largeur 12 pouces, hauteur 5 — 18 » / 5 1/2 | 12 / 6 | 11 » / 6 1/2 | 10 / 7
Hauteur de rampe, 33 à 39 pouces.

Épaisseur des murs des maisons à loyer: aux fondemens 27 à 36 pouces; au sol des caves 22 à 32; au rez-de-chaussée 18 à 24; au premier 18 à 20; au plus haut 18 à 18.
Murs de refend 18 à 28 pouces; de clôture de 9 à 12: au fond 20 à 22, au sol 14 à 16, en haut 12 à 15.
Cloisons de charpente 7 à [illegible]; légers 4 à [illegible].
Puits: 3 à 4 pieds; 30 à 36 po.; 12 à 15; 12 à 18 pouces.

Portes: cochères 8 à 9 pieds de large; bâtardes 4 à 5 id.
D'appartemens à deux ventaux: largeur 4 pi., 4 pi. 6, 5 pi.; hauteur 8, 9, 10.
D'appartemens à un ventail: largeur 27 po., 30 po., 33 po.; hauteur 6 pi., 7 pi., 7 pi. 1/2.

Hauteur des appartemens, 7, 8, 9, 10, 12, 15 pieds.
Hauteur de la cimaise et des lambris, 18, 30, 32, 33, 36 et 39 pouces.

Croisées: petites 3 pi. 1/2 à 4 pi.; moyennes 4 1/2 à 4 [illegible]; grandes 4 à 5 [illegible].
Appuis 33 à 36 pouces; banquettes 15 à 18; balcons 24 à 27.

Châssis à tabatière pour les combles: Hauteur 20, 24, 30 p.; Largeur 22, 27, 30.

SUITE DE L'ORDONNANCE INTÉRIEURE DES BATIMENS.

		Largeur dans œuvre.	Hauteur de la tablette.	Profondeur du jambage.	
Cheminées	pour les grandes pièces pour les grandes pour les moyennes pour les petites pour les plus petites	5 à 6 pieds [illegible] p. 4 à 4 6 3 pi. 9 p. à 4 pi. 3 3 à 3 pi. 6 27 à 32 pouc.	3 pi. 6 p. à 3 pi. 9 p.	27 à 30 pouces.	Nota. Autant de pieds cubes entre les jambages qu'il y a de toises cubes dans la pièce, et en largeur le tiers de la superficie de l'âtre. Les tuyaux de 27 à 36 pouces de long sur 9 à 10 de large.
Fours	petits moyens grands	3 pieds de diam. sur 4 1/2 id. 6 id.	14 pu. haut. de chap. 16 id. 16 id.	Portes du four. 10 sur 15 de haut. 12 sur 20 15 sur 30	Fourneaux potagers, 28 à 30 pouces de largeur et autant de hauteur.
Cours	12 [illegible] de côté pour faire tourner librement un carrosse.				
Écuries	simple double hauteur	14 à 18 pieds. 26 à 34 9 à 12	Par cheval. dans le [illegible] de carrosse Stalle	3 pieds 1/2. 4 5 à 6	Les portes, de 4 à 5 pieds sur 8 de hauteur. Nota. Les poteaux d'écurie placés à 9 pieds du ratelier.
Remises	simple double	8 à 9 pi. de larg. sur 12 à 18 id.	14 à 18 pi. de profond. 18 à 21 id.	et 9 à 10 pieds de hauteur.	Charreteries, de 9 à 10 pieds de travée sur 18 pieds de profondeur, et de hauteur 9 à 12 pieds.
Étables	simple double	15 à 18 pieds 22 à 28	de largeur, 4 pieds à 4 pieds 1/2. 6 à 9 pieds de hauteur par vache.		Portes, de 5 à 6 pieds sur 6 à 7 de hauteur.
Bergeries	par toise de superficie hauteur	8 à 10 moutons. 9 à 10 pieds.	Toit à porcs, de 6 à 7 pieds carrés. [illegible]		
Colombier	Diamètre	3 à 4 toises.	Poulailler, 8 pieds sur 9 à 12 de hauteur suffisent pour 100 poules.		
Granges	Largeur, 24 à 30 pieds. Nota. La toise cube contient 110 à 130 bottes de fourrage. L'arpent de prairie rapporte 150 à 300 bottes.	On peut compter sur 60 à 70 gerbes par toise cube. L'arpent rapporte de 300 à 800 gerbes.			
Pressoir	Pour pressoir à roue, 18 à 36 pieds, 20 à 24 sur 40 à 48 de large. 10 à 15 pieds pour moulin à écraser les pommes.				

Nota. Les dimensions et proportions que l'on donne aux différentes parties des édifices et bâtimens sont relatives à leur destination et à une infinité de circonstances. On s'est principalement en vue d'offrir des rapports qui facilitent la composition.

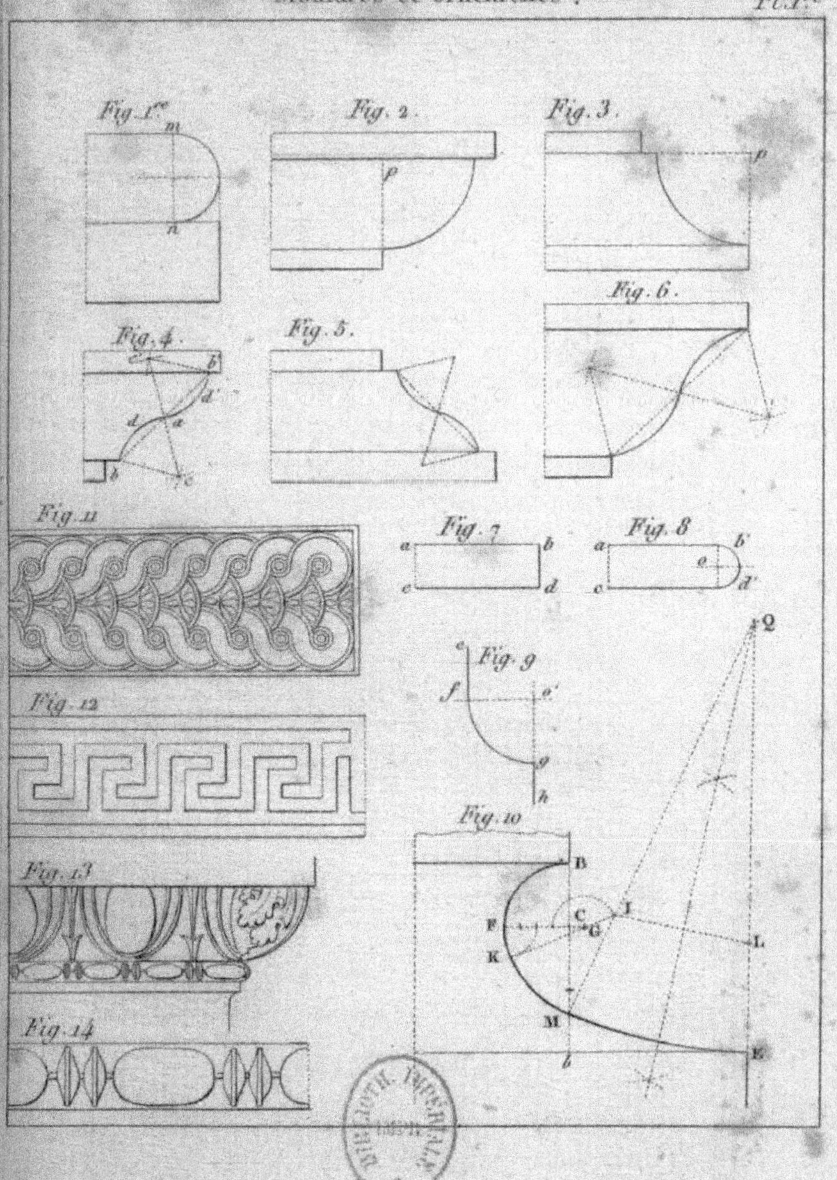
Fig. 1.re
m
n
Fig. 2.
p
Fig. 3.
p
Fig. 4.
Fig. 5.
Fig. 6.
Fig. 11
Fig. 12
Fig. 13
Fig. 14
Fig. 7
a
b
c
d
Fig. 8
Fig. 9
Fig. 10
B
C
F
G
I
K
L
M
Q
E

Pl. 2.

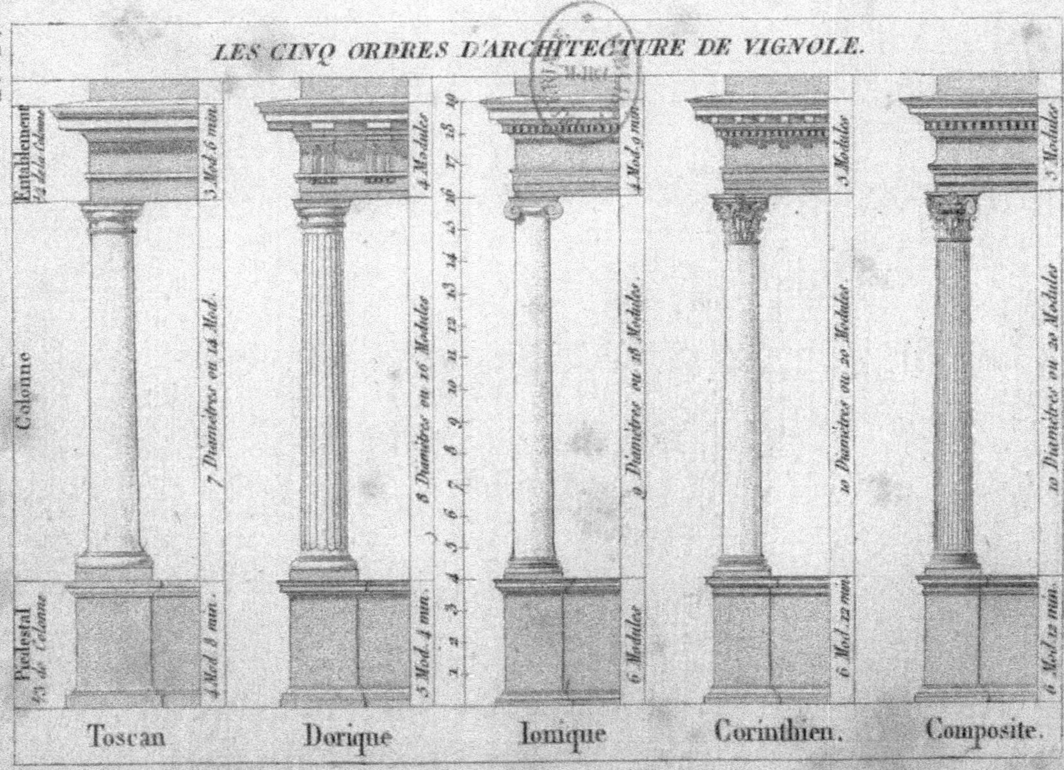

LES CINQ ORDRES D'ARCHITECTURE DE VIGNOLE.
Piedestal
1/3 de Colonne
Colonne
Entablement
1/4 de la Colonne
4 Mod. 8 min.
7 Diamètres ou 14 Mod.
3 Mod. 6 min.
5 Mod. 4 min.
8 Diamètres ou 16 Modules
4 Modules
1 2 3 4 5 6 7 8 9 10 11 12 13 14 15 16 17 18 19
6 Modules
9 Diamètres ou 18 Modules.
4 Mod. 9 min.
6 Mod. 12 min.
10 Diamètres ou 20 Modules.
5 Modules
6 Mod. 12 min.
10 Diamètres ou 20 Modules
5 Modules
Toscan
Dorique
Ionique
Corinthien.
Composite.

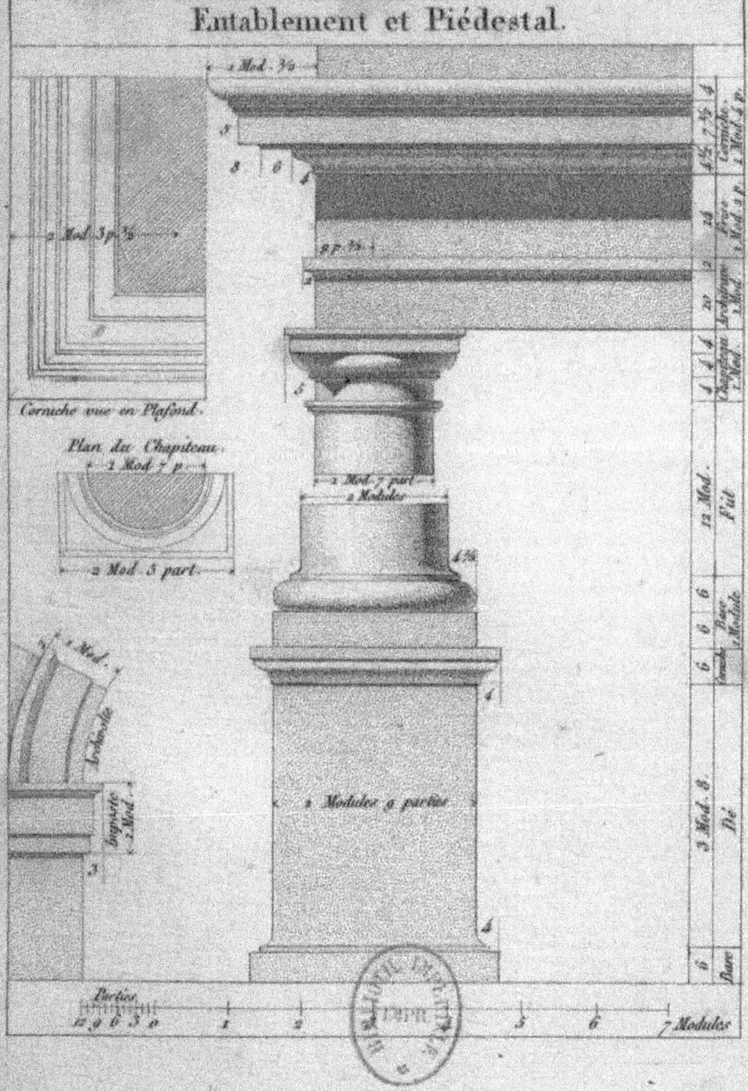
Entablement et Piédestal.
Corniche vue en Plafond.
Plan du Chapiteau.
2 Mod. 5 part.
2 Modules 9 parties
Fût
Dé
Base
Parties
Modules

Détails de l'Ordre TOSCAN. Pl. 4.

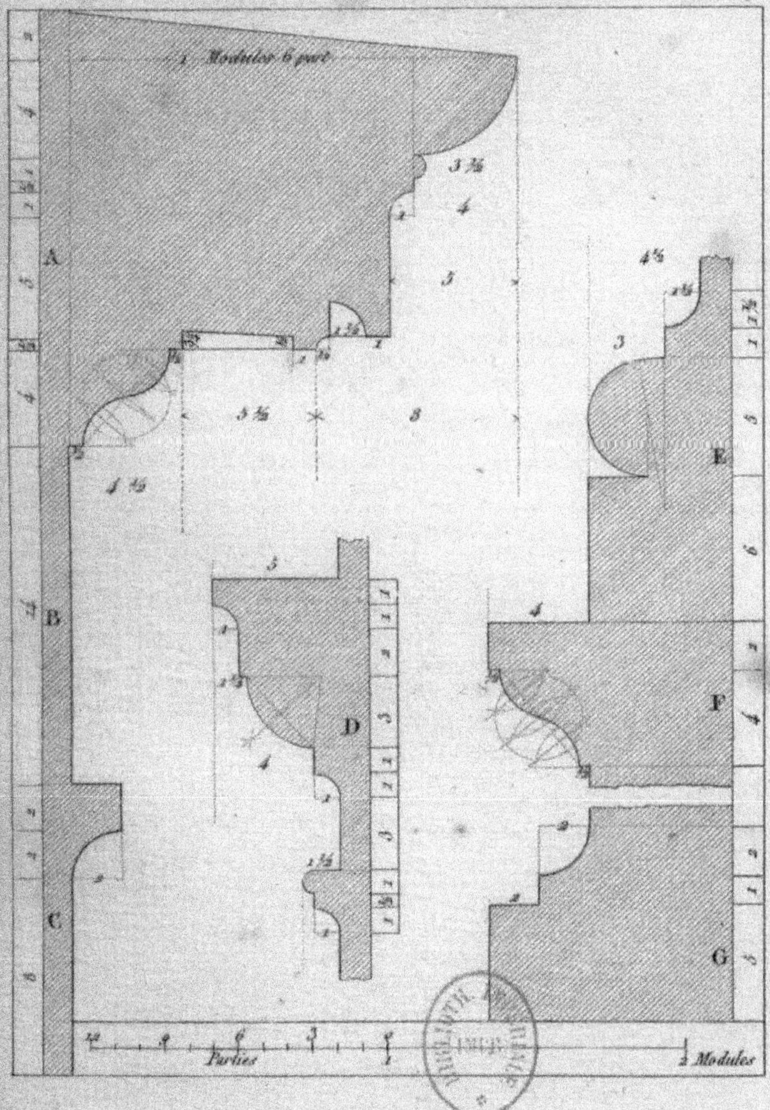

ORDRE DORIQUE. Pl 5.

Entablement Mutulaire et Piédestal.

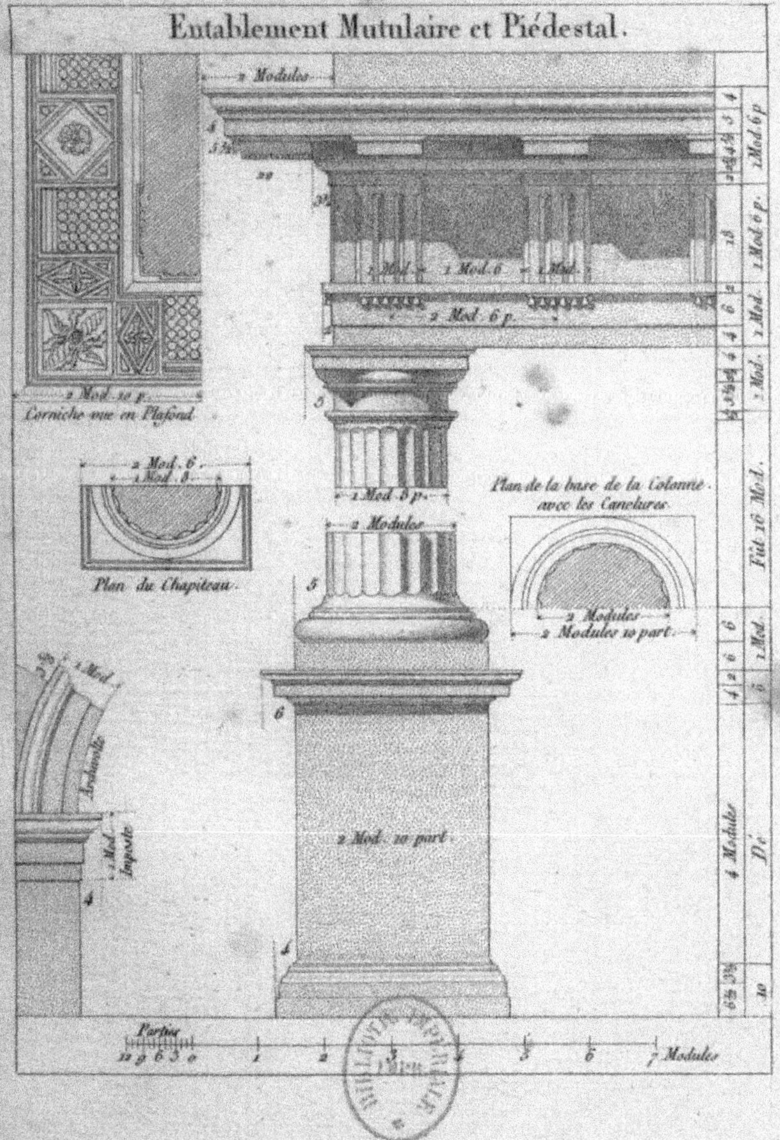

Détails de l'Ordre DORIQUE mutulaire. Pl. 6.

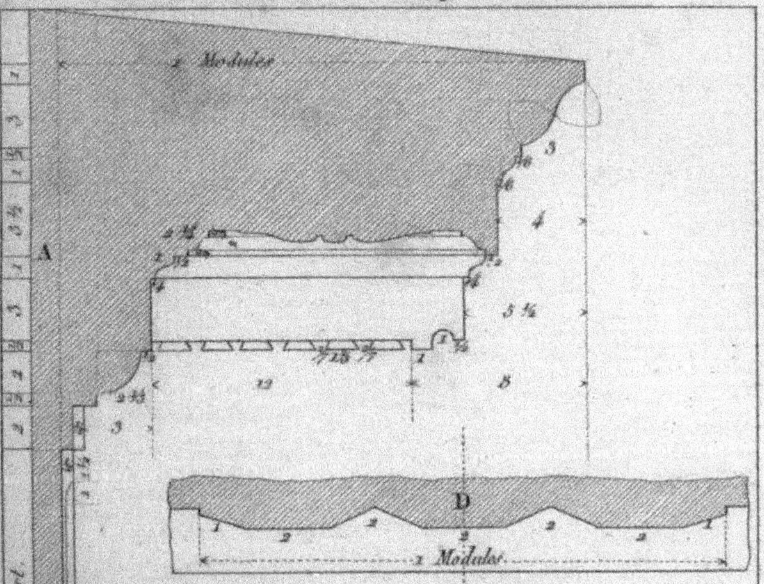

A

B

C

D

E

F

2 Modules

2 Modules

1 Modules 6 part.

0 1 2 3 4 5 6 7 8 9 10 11 12 Parties

ORDRE DORIQUE.

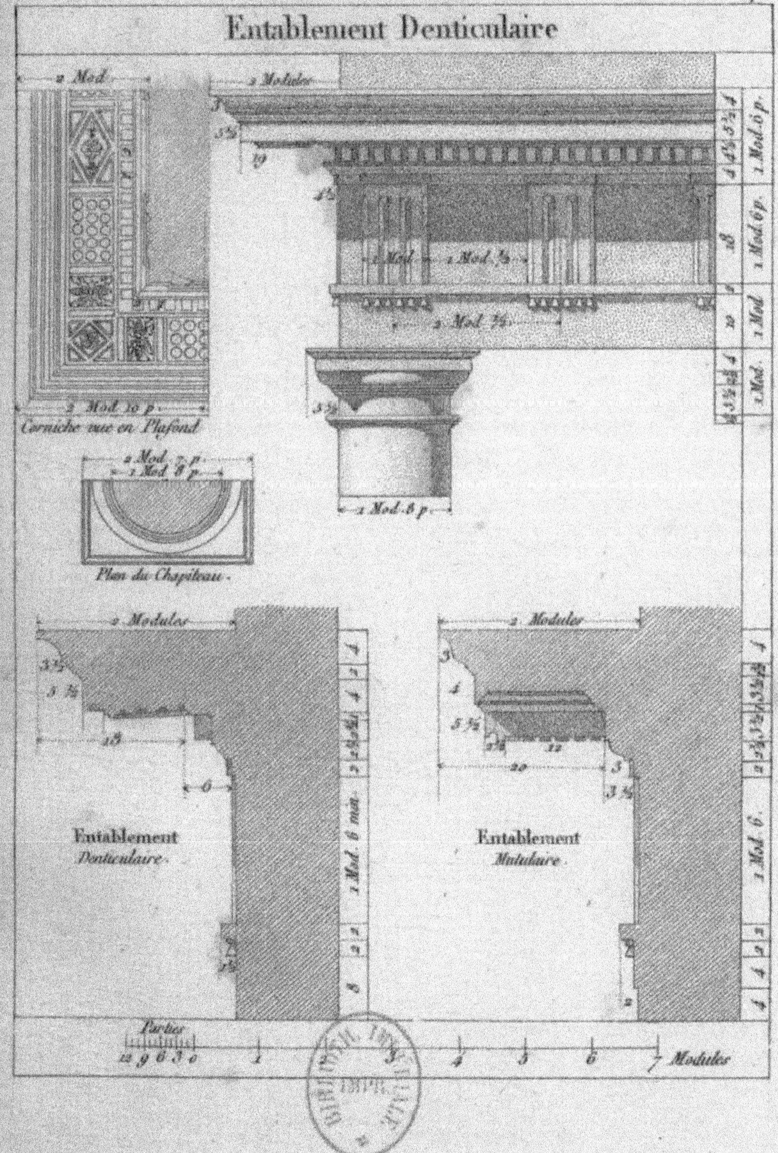

Détails de l'Ordre DORIQUE denticulaire. *Pl. 8.*

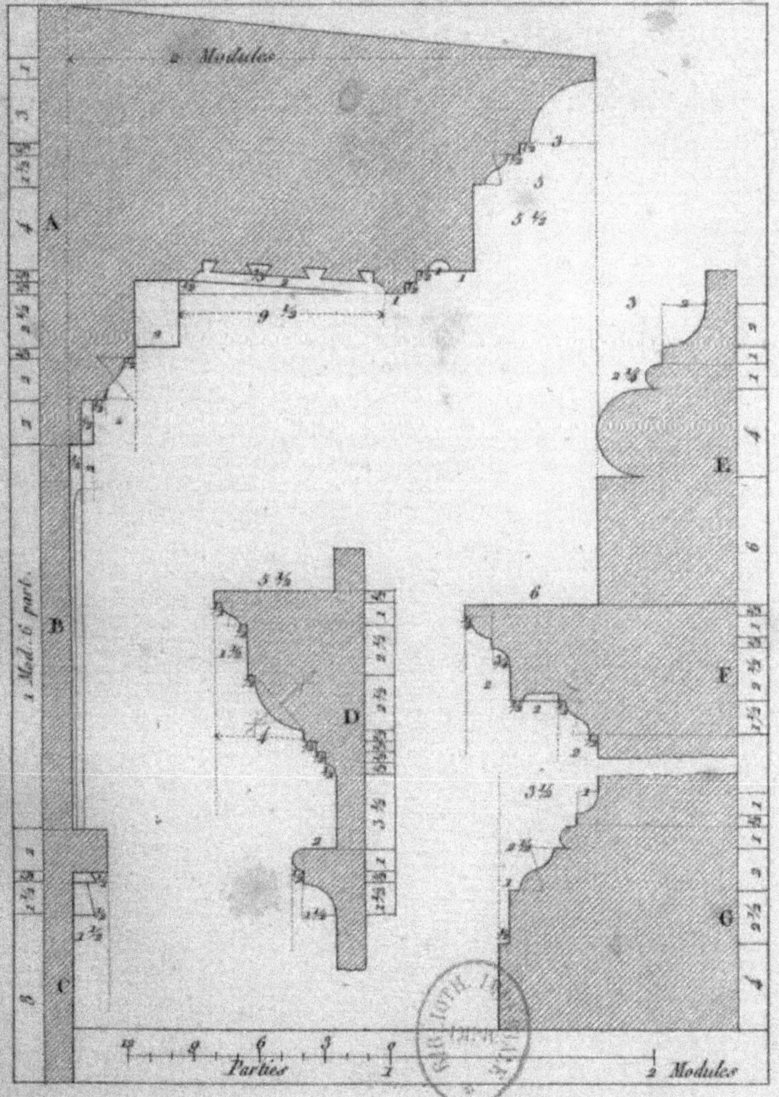

ORDRE IONIQUE.

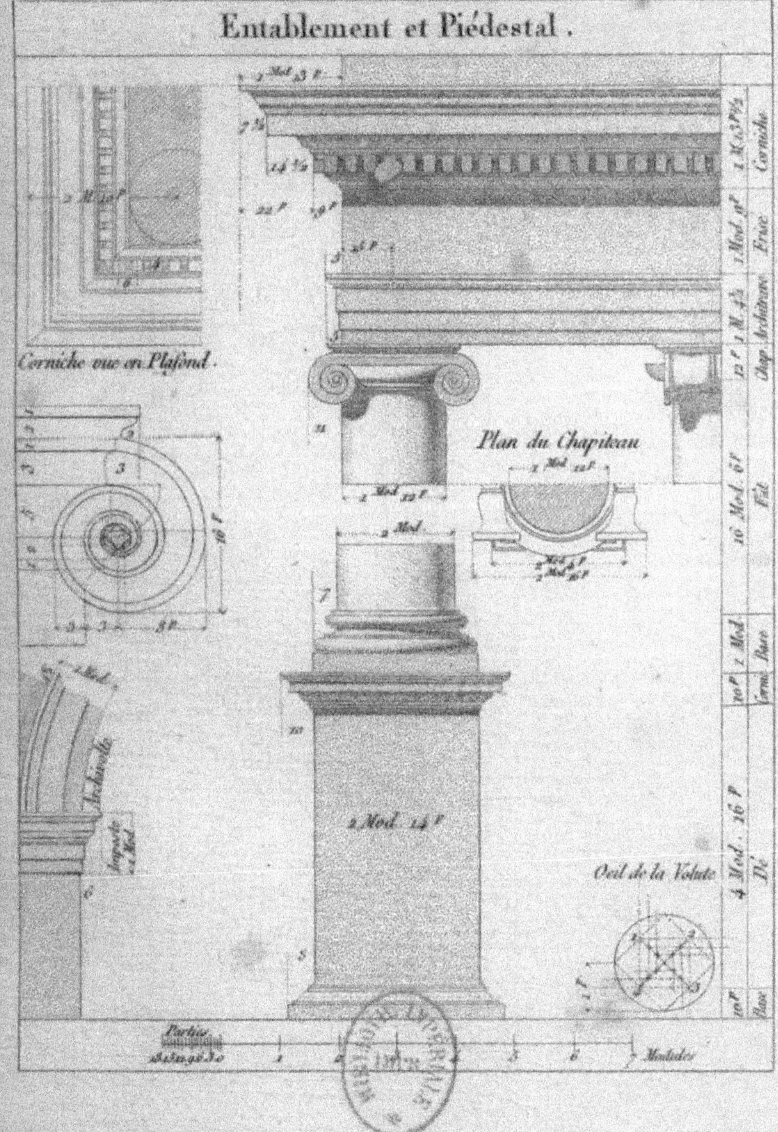

Détails de l'Ordre IONIQUE.

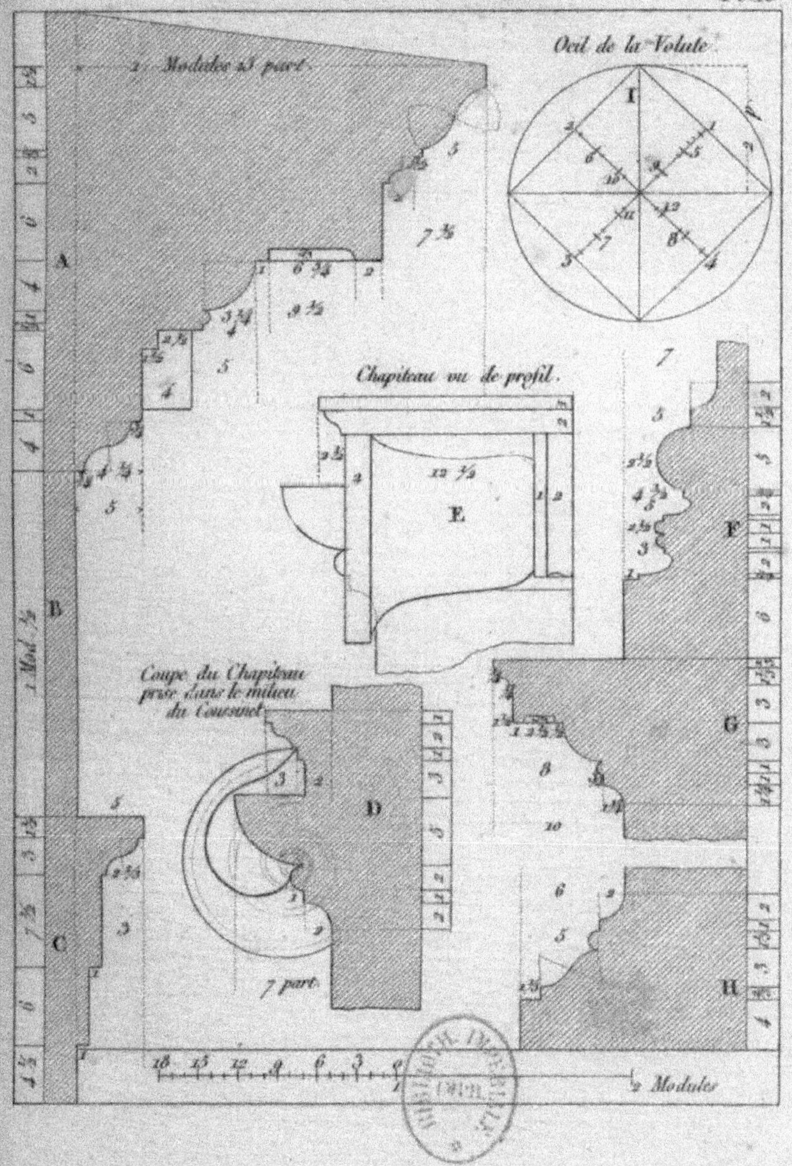

Tracé de la Volute IONIQUE et du Modillon CORINTHIEN. Pl. 11.

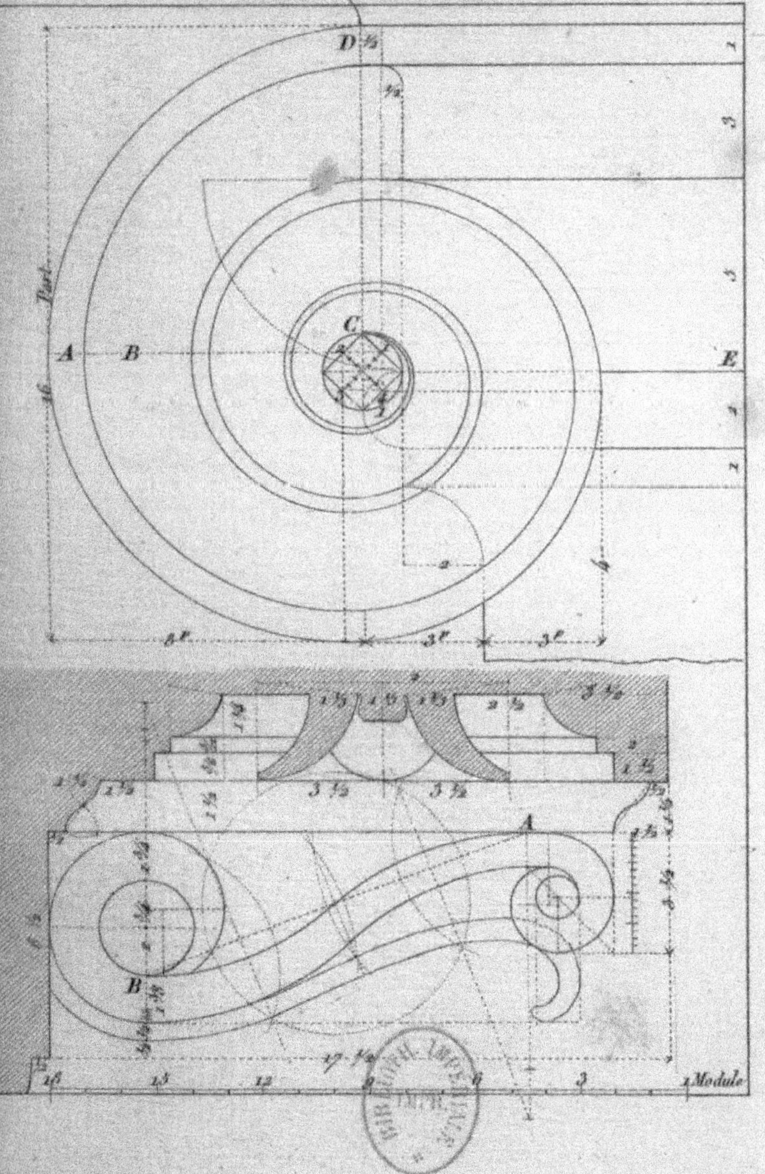

ORDRE CORINTHIEN.

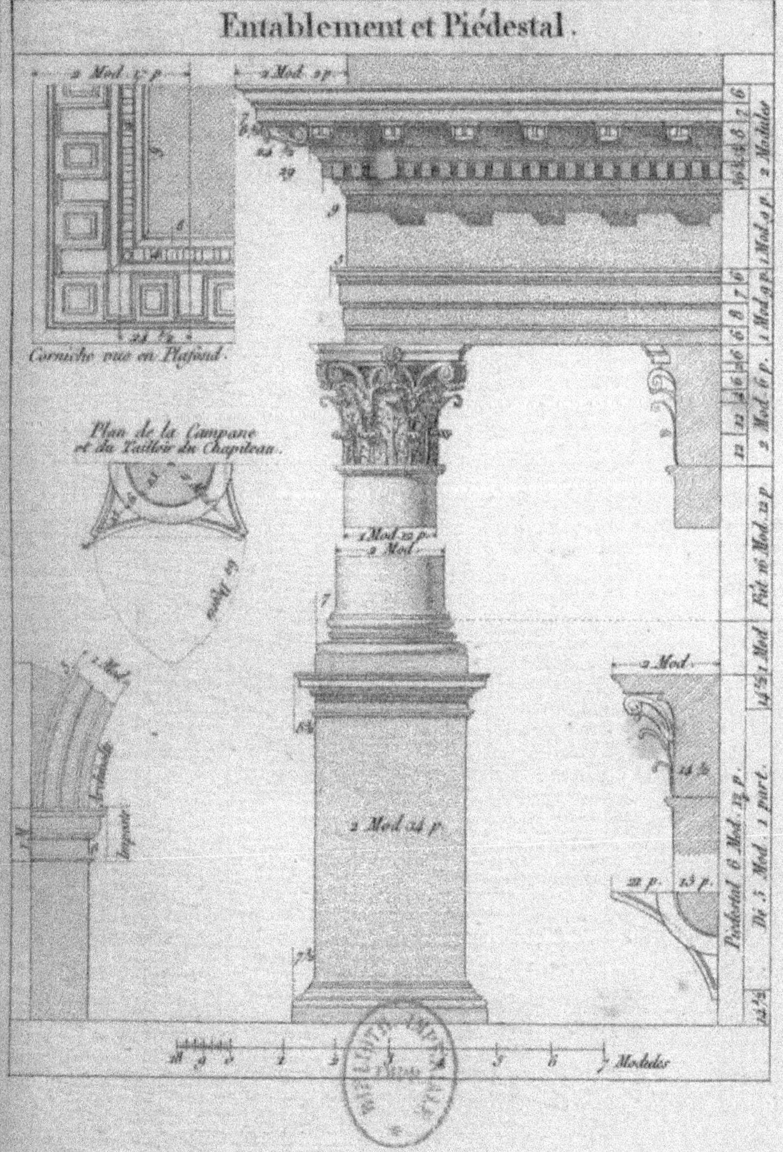

Détails de l'Ordre CORINTHIEN. Pl. 13.

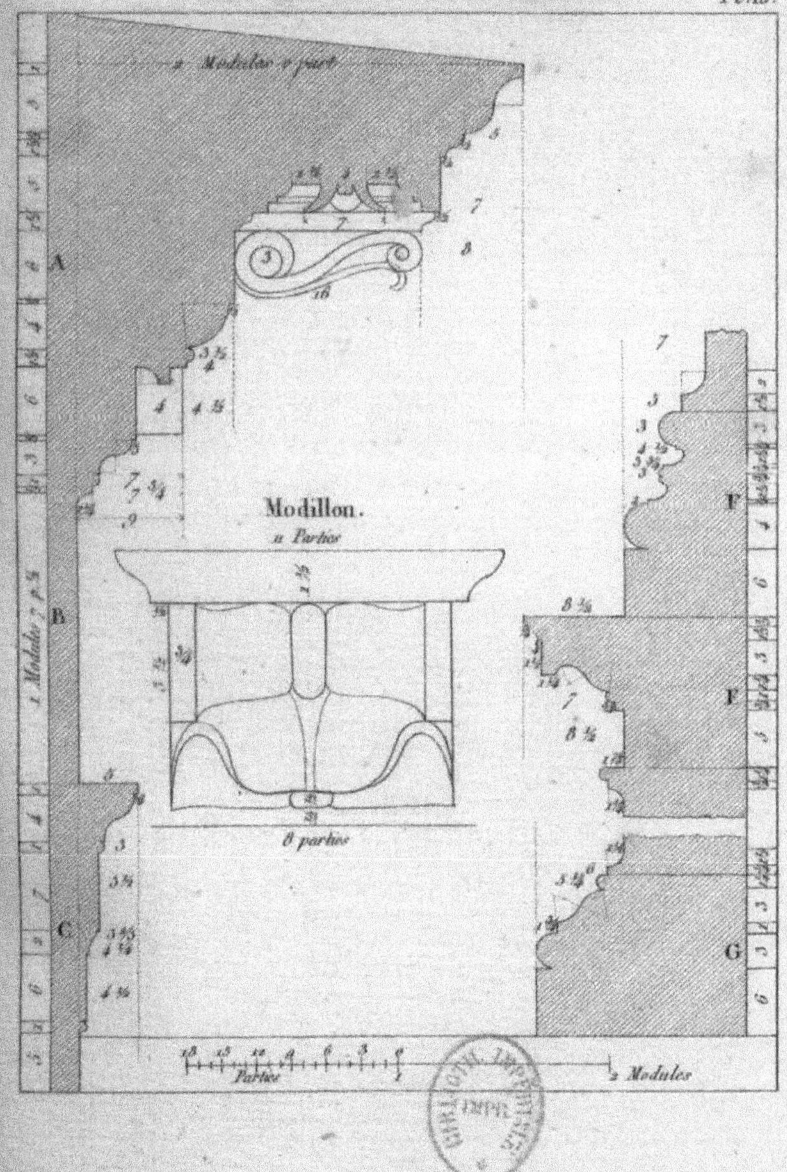

Chapiteau Corinthien vu de face et sur l'angle. Pl. 14

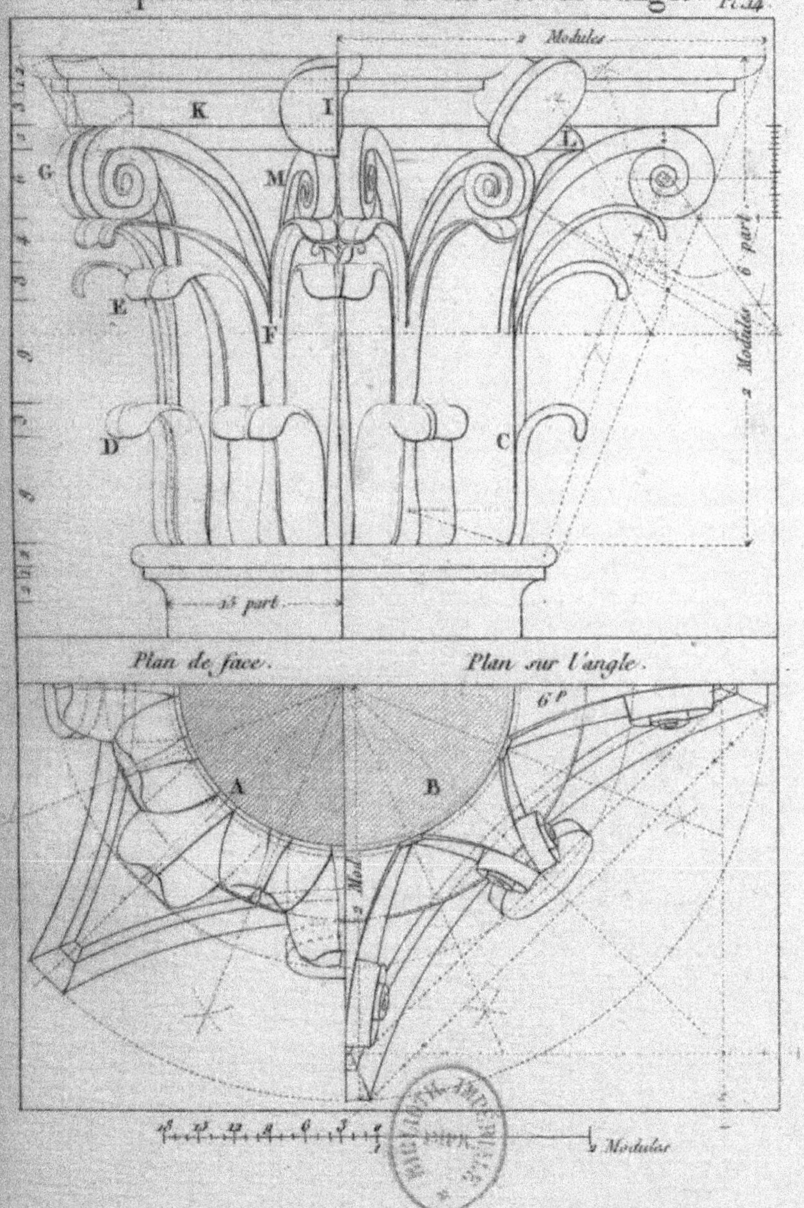

Entablement et Piédestal.

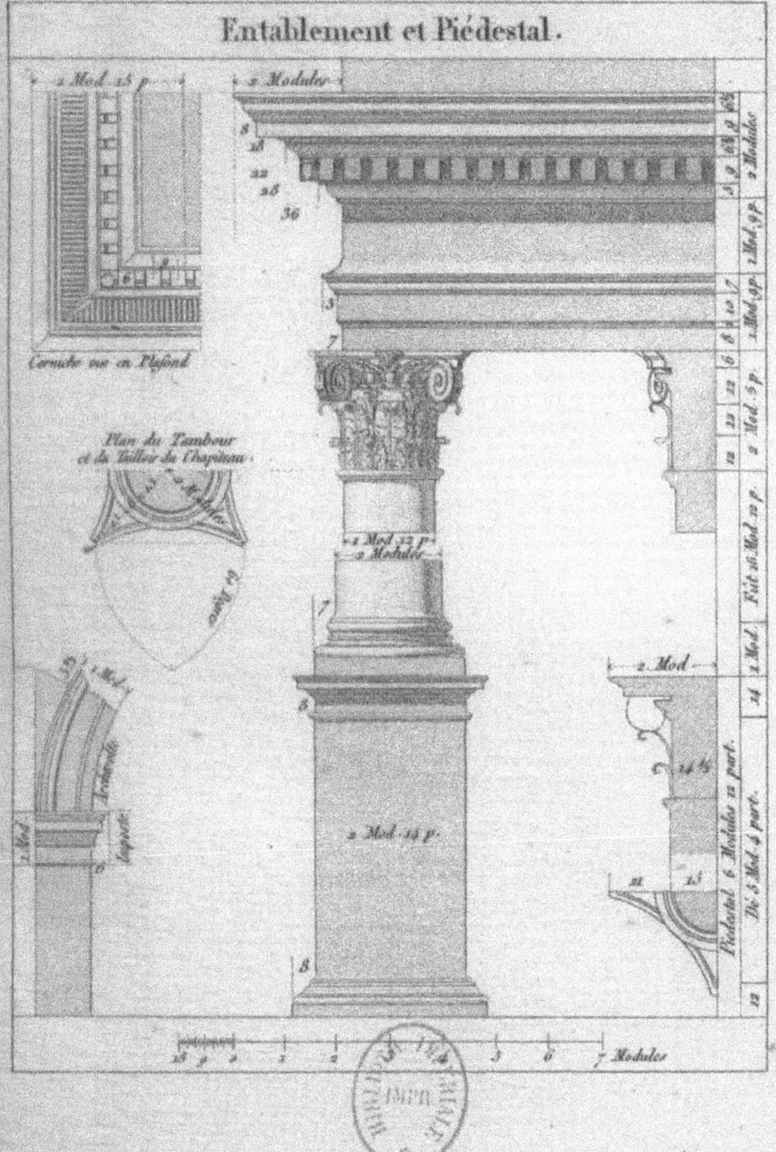

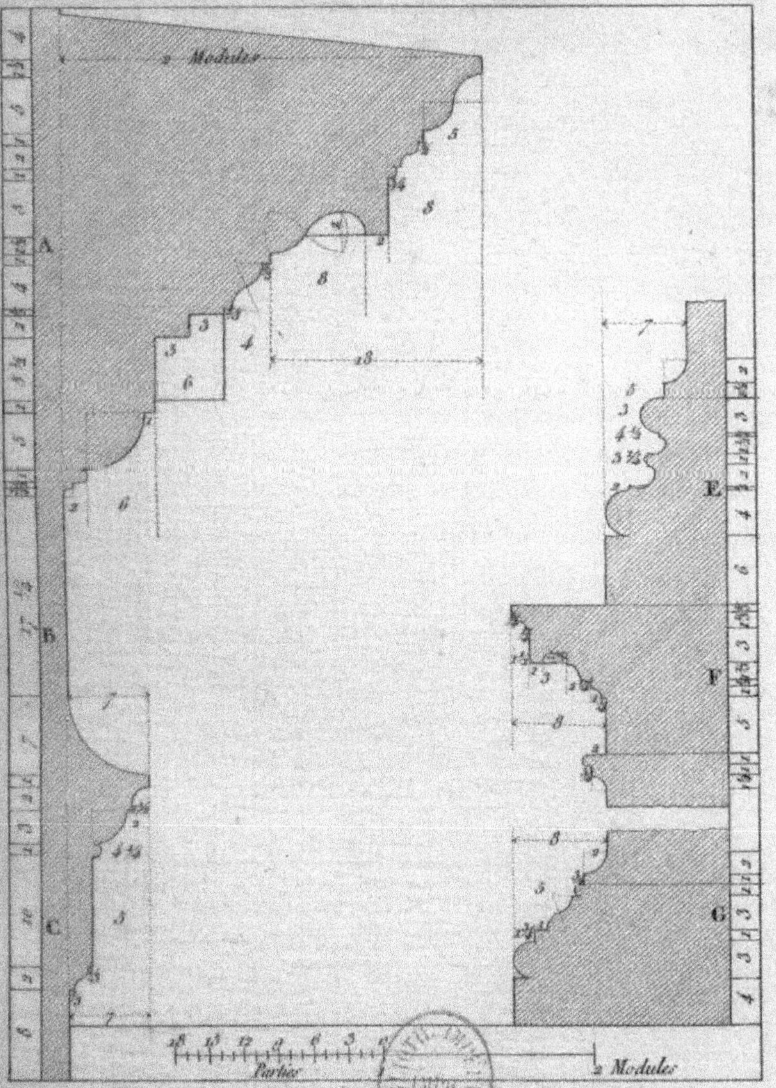

Pl. 16.

A

B

C

E

F

G

2 Modules

Parties

2 Modules

Chapiteau Composite vu de face et sur l'angle. *Pl. 17.*

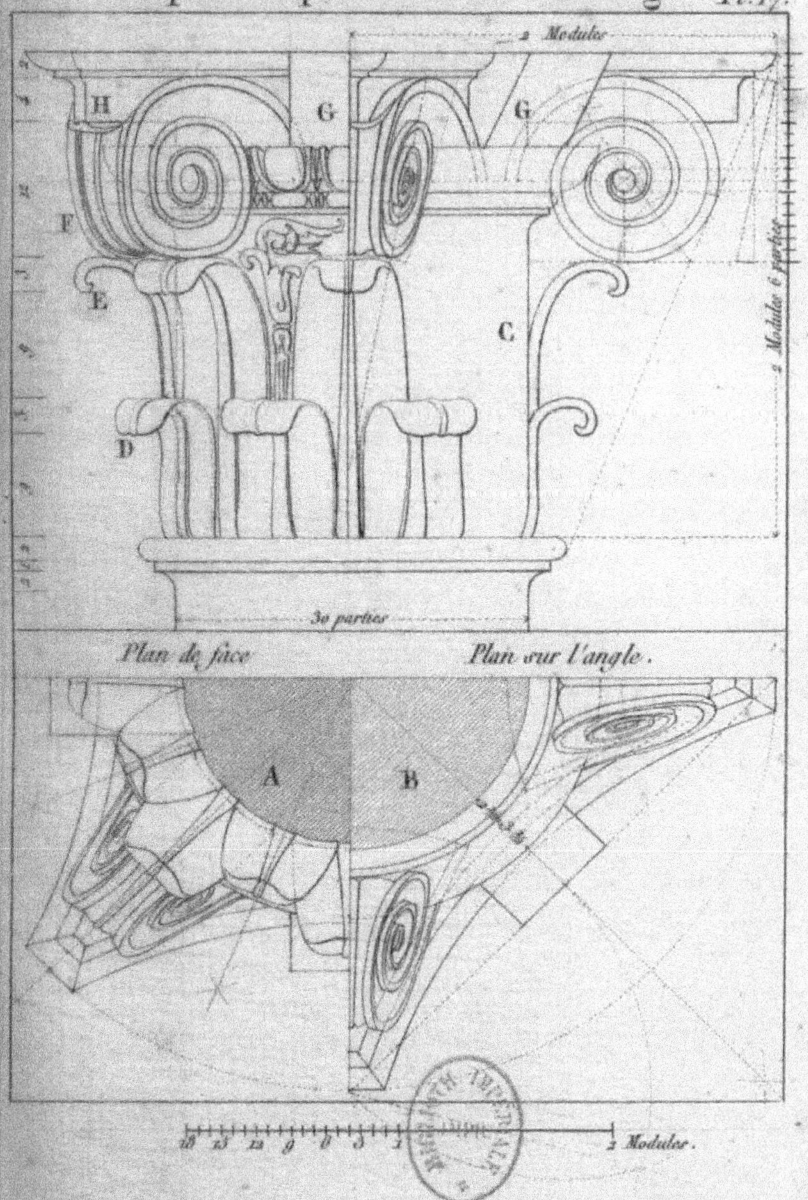

ntr'eux.

Corinthien.
Corinthien de Palladio.
5 Mod.
20 Modules.
6 Mod. 12 part.
4 Mod. 6 part.
20 Modules
5 Mod. 12 part.
22 Modules 2 P.
0 1 2 3 4 5 6 7 8 9 10 11 12 Modules

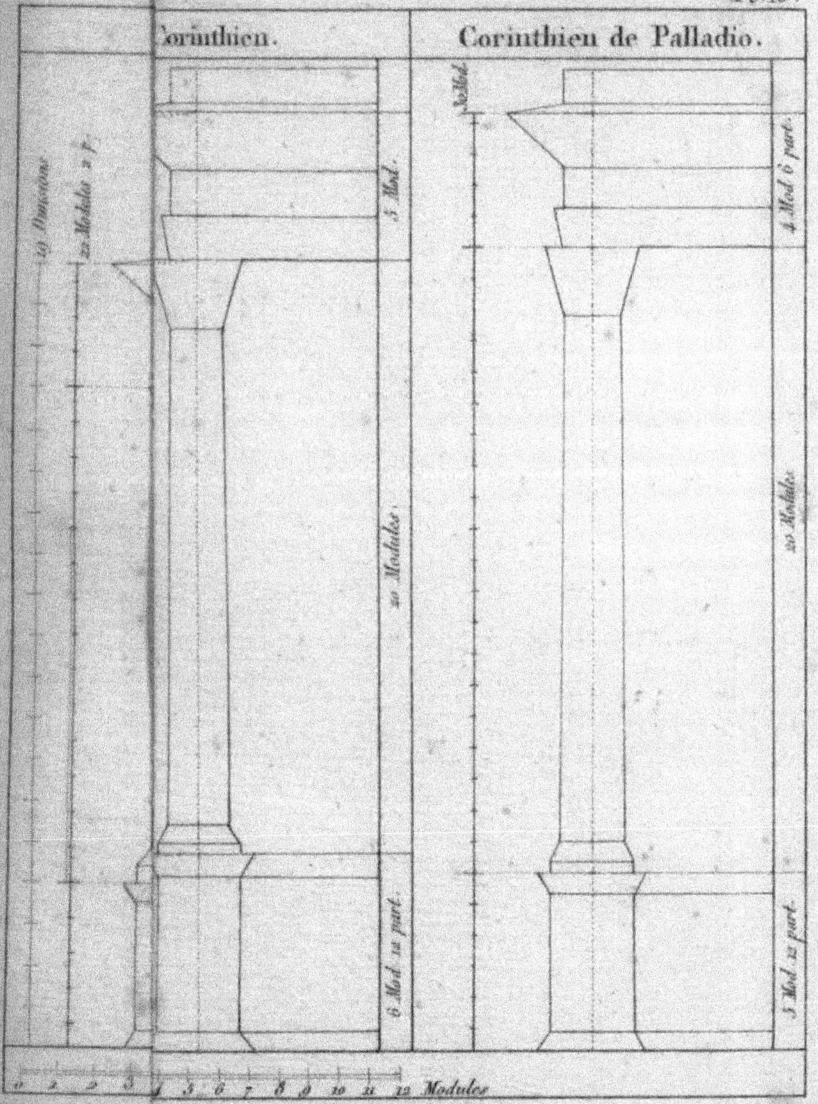

Plans des Portiques sans Piédestaux et des Entrecolonnements.

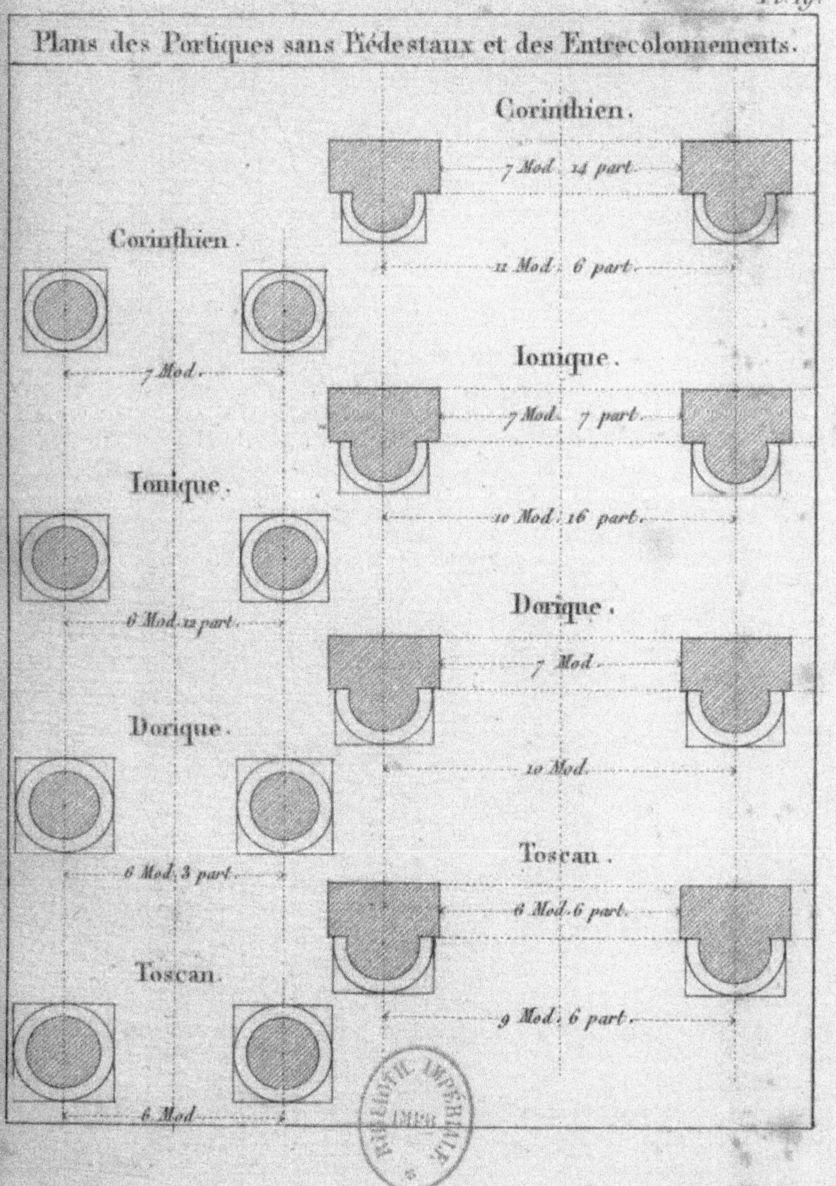

Pl. 20.

ORDRE TOSCAN.

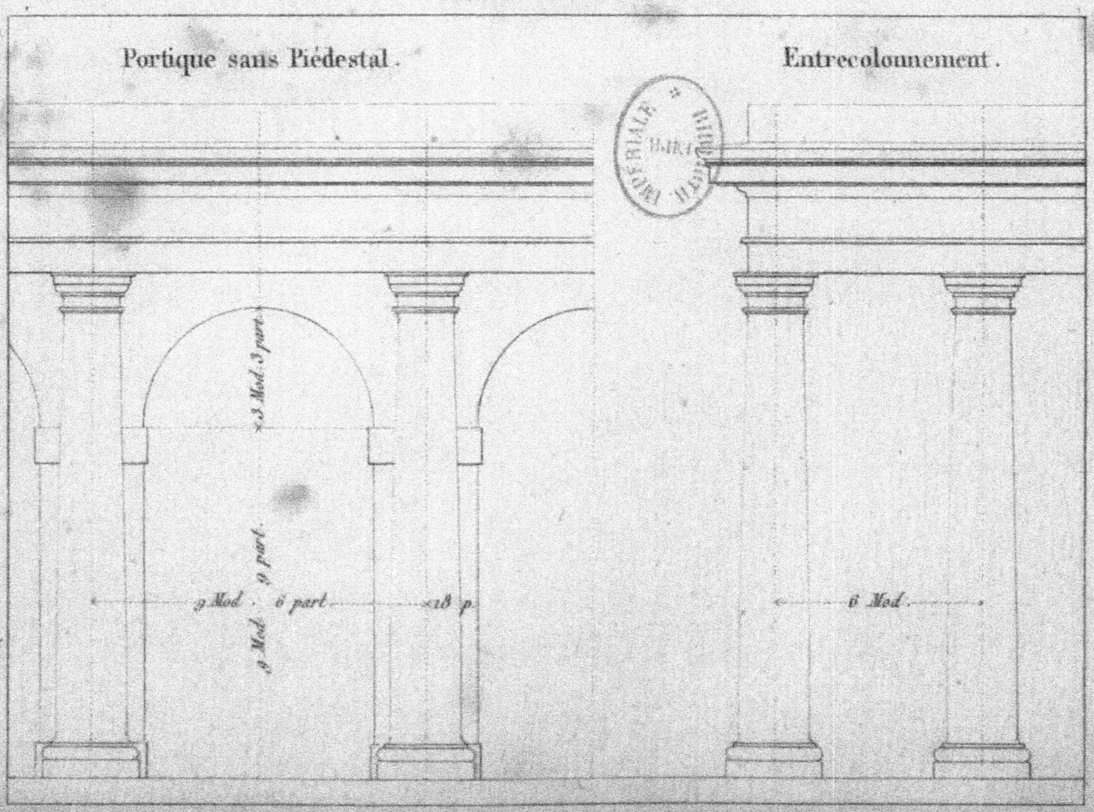

Portique sans Piédestal.

Entrecolonnement.

3 Mod. 3 part.

9 Mod. 9 part.

9 Mod. 6 part.

18 p.

6 Mod.

ORDRE DORIQUE.

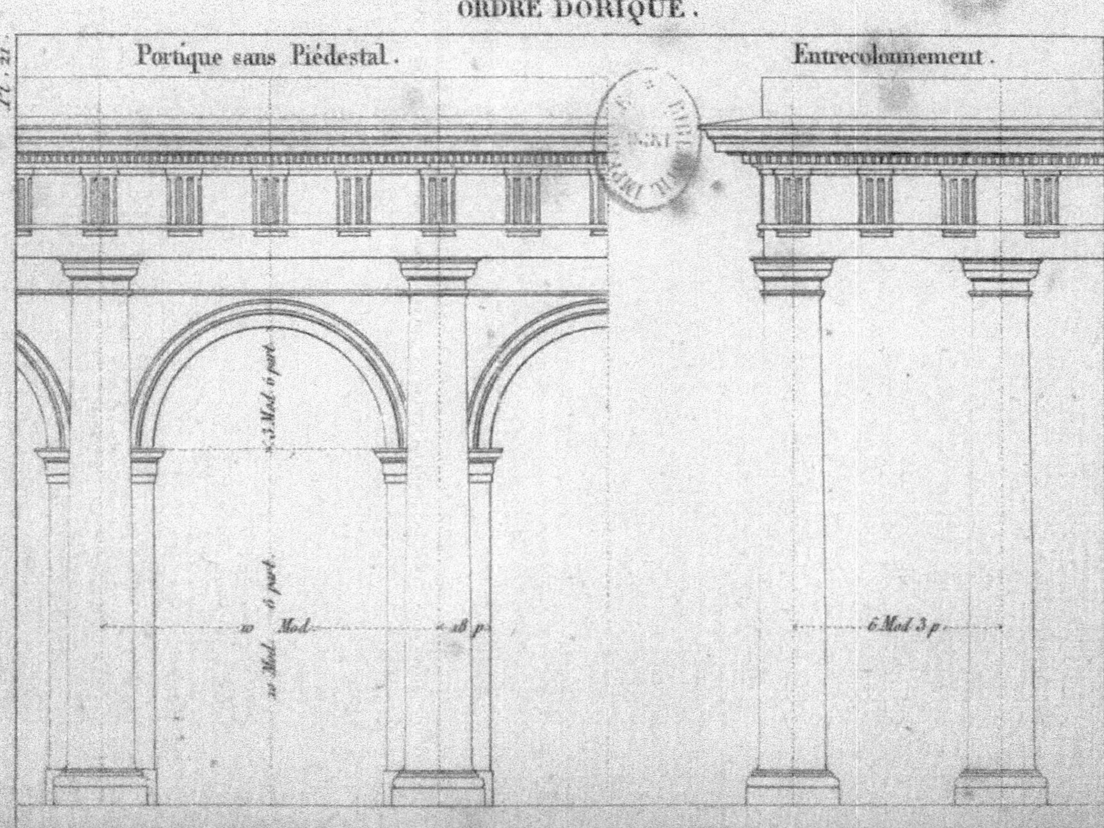

ORDRE IONIQUE.

Portique sans Piédestal.

3 Mod. 3 p. ½

12 Mod. 11 part. ½

10 Mod. 16 part.

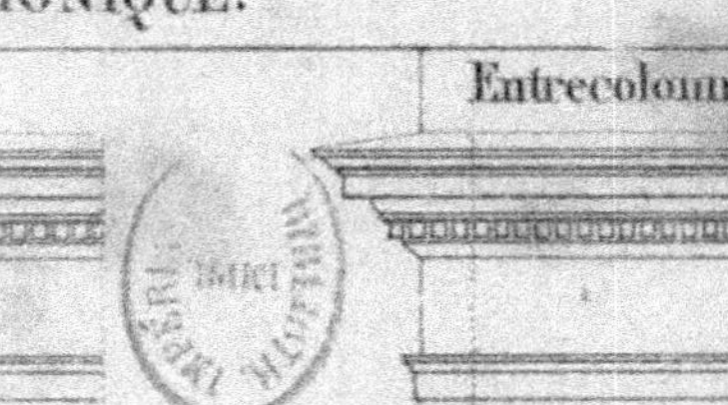

Entrecolonnement

6 Mod. 12 part.

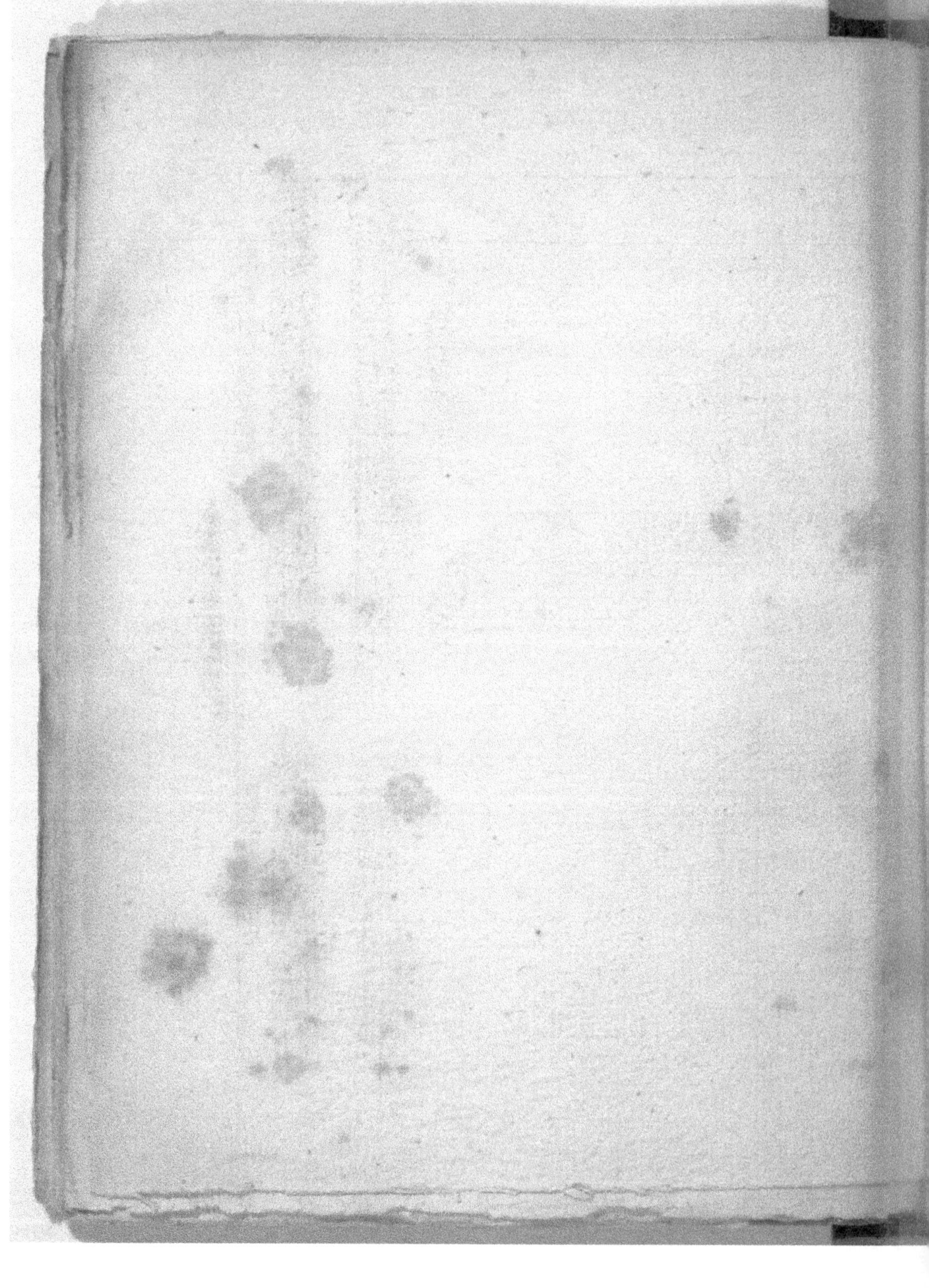

ORDRE CORINTHIEN.

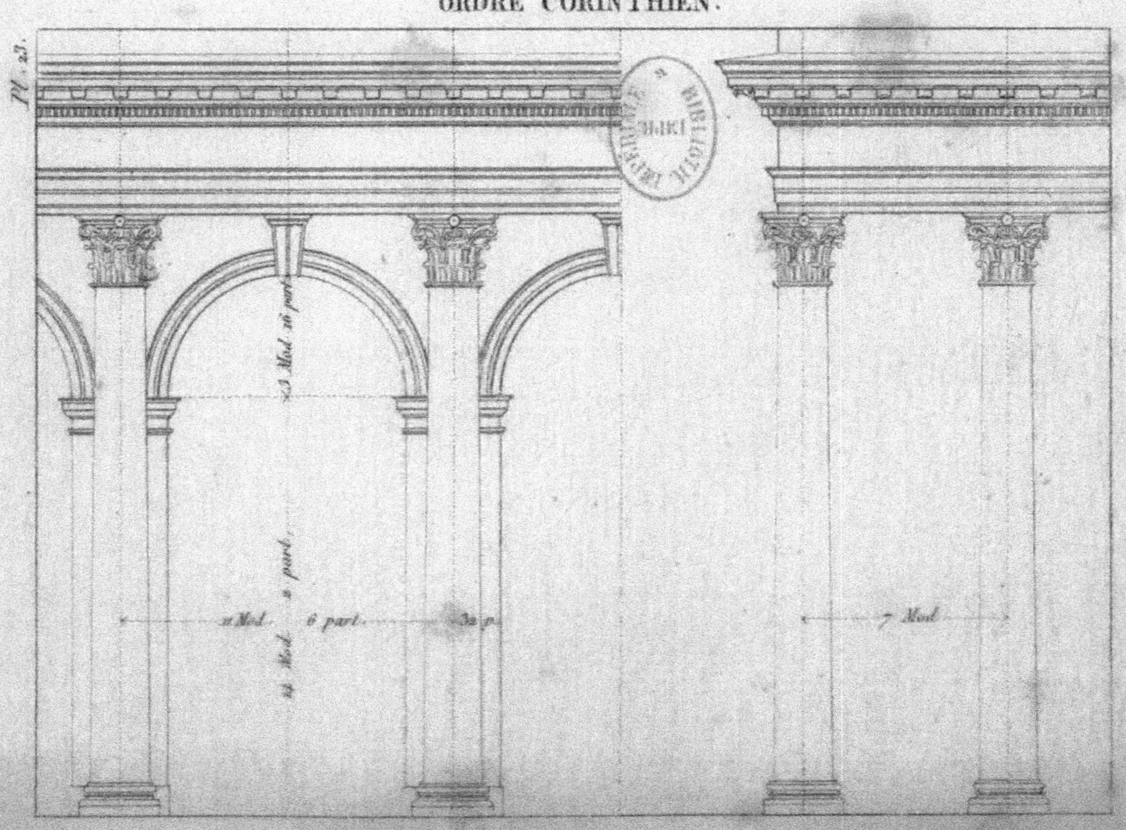

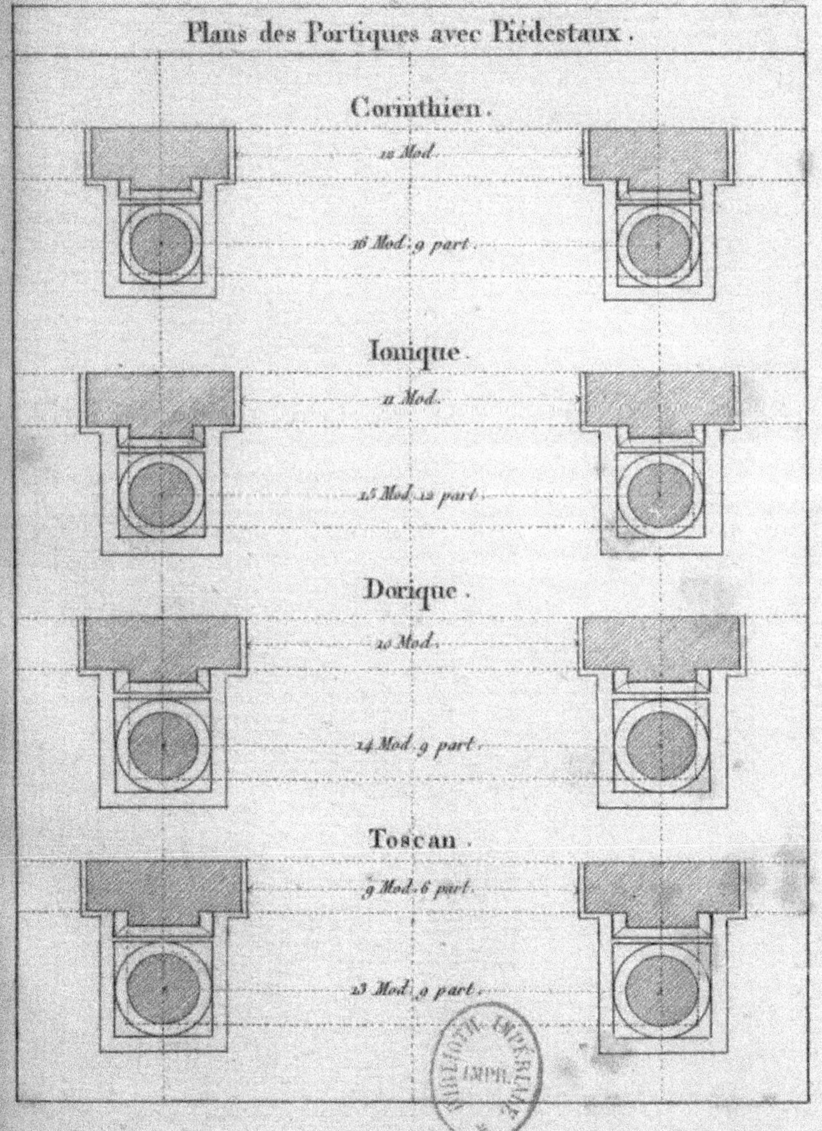
Plans des Portiques avec Piédestaux.
Corinthien.
12 Mod.
16 Mod. 9 part.
Ionique.
11 Mod.
15 Mod. 12 part.
Dorique.
10 Mod.
14 Mod. 9 part.
Toscan.
9 Mod. 6 part.
13 Mod. 9 part.

Pl. 25.

Impostes et Archivoltes des 5 Ordres.

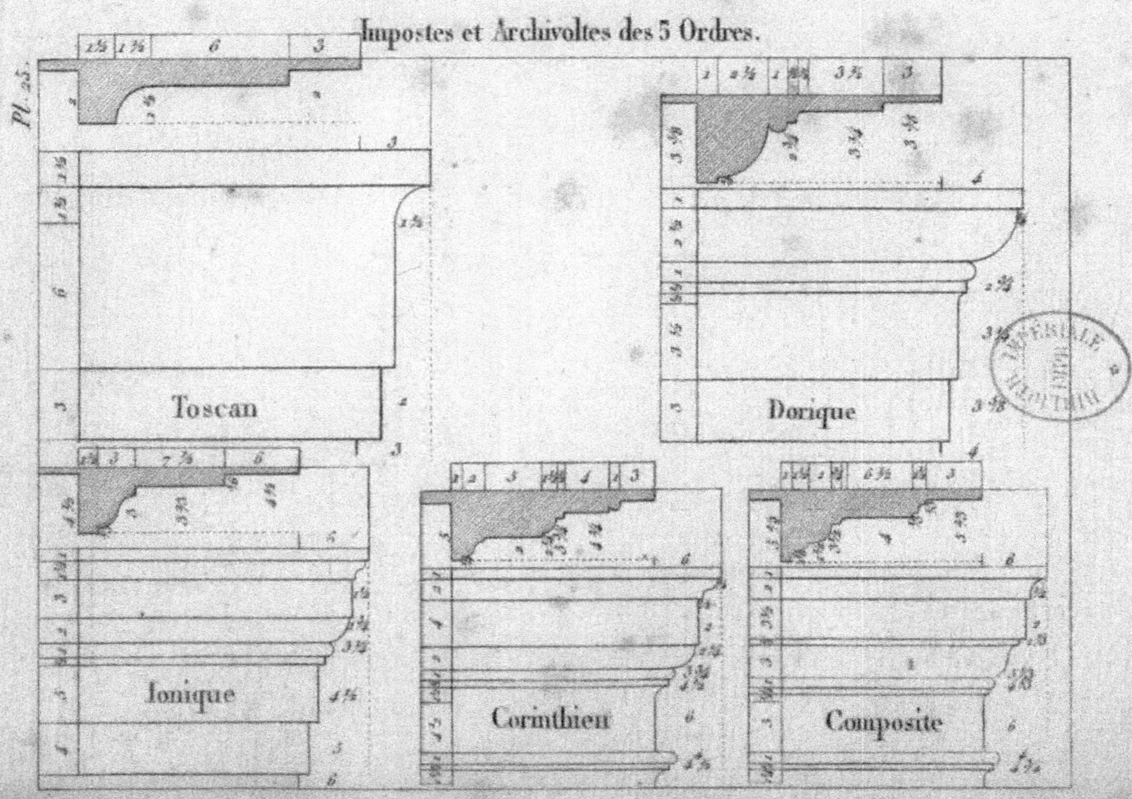

Portique avec Piédestal.

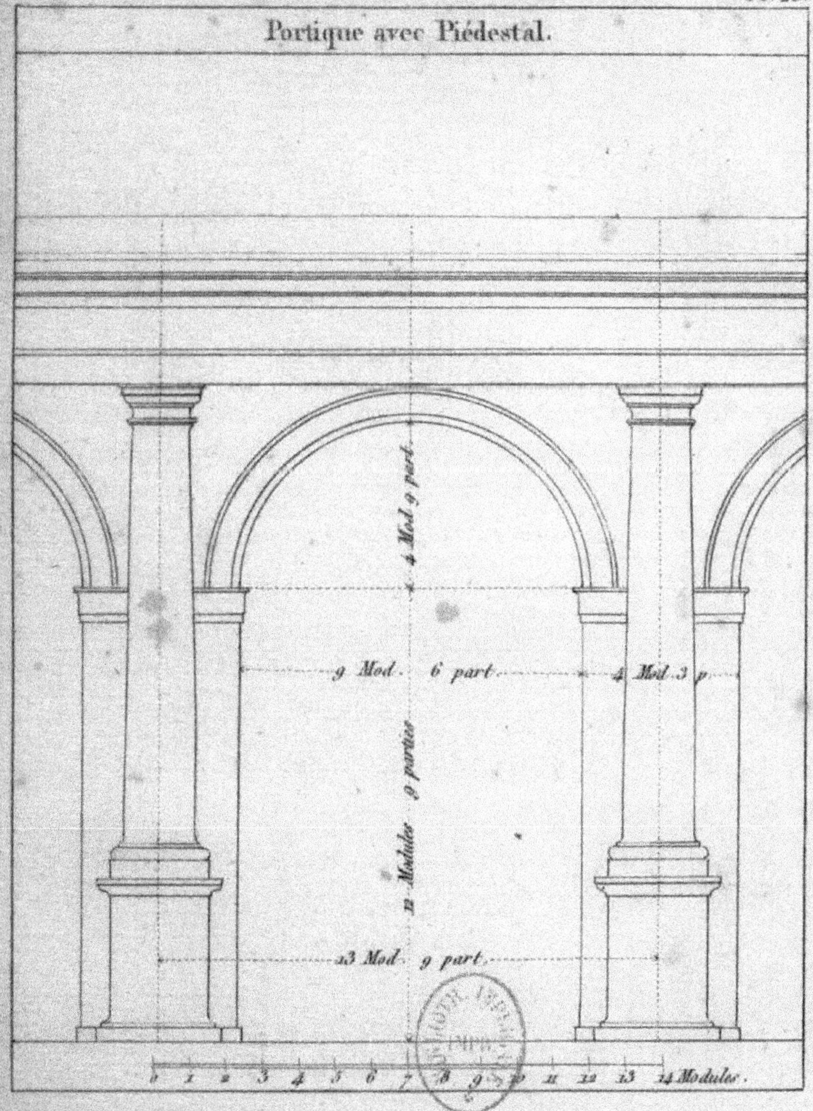

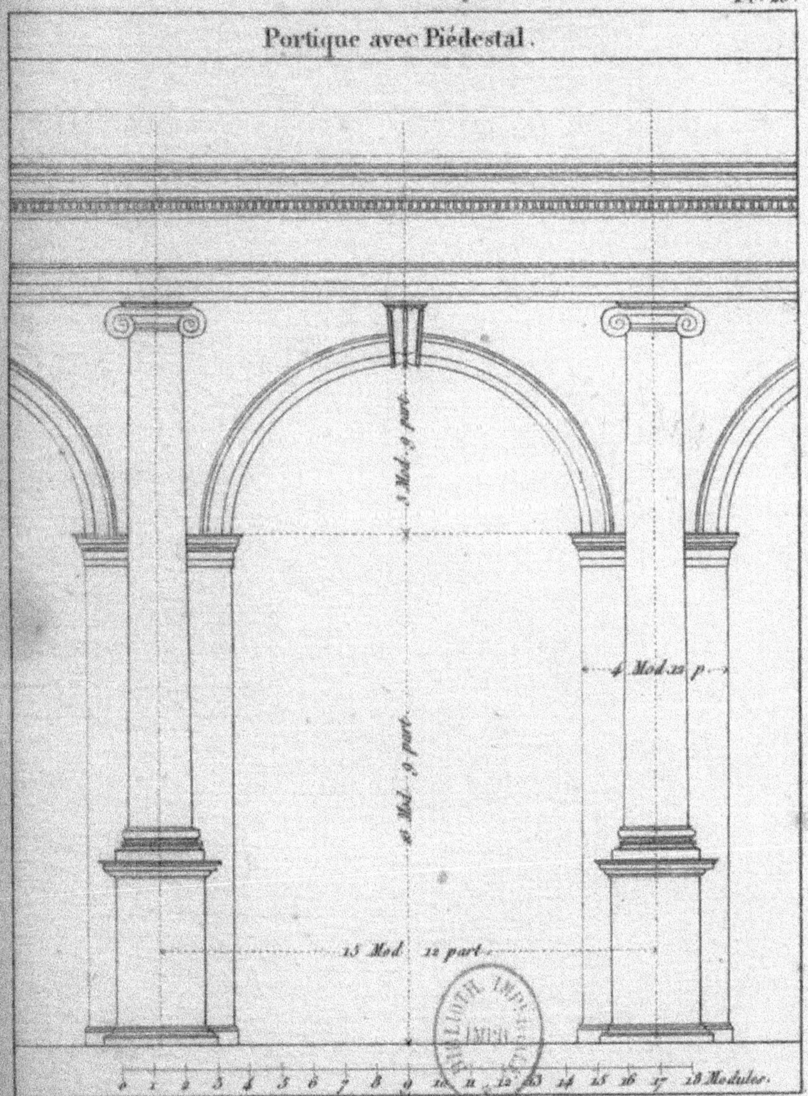
Portique avec Piédestal.
8 Mod. 9 part.
4 Mod. 12 p.
18 Mod. 9 part.
15 Mod 12 part.
0 1 2 3 4 5 6 7 8 9 10 11 12 13 14 15 16 17 18 Modules.

ORDRE CORINTHIEN. Pl. 29.

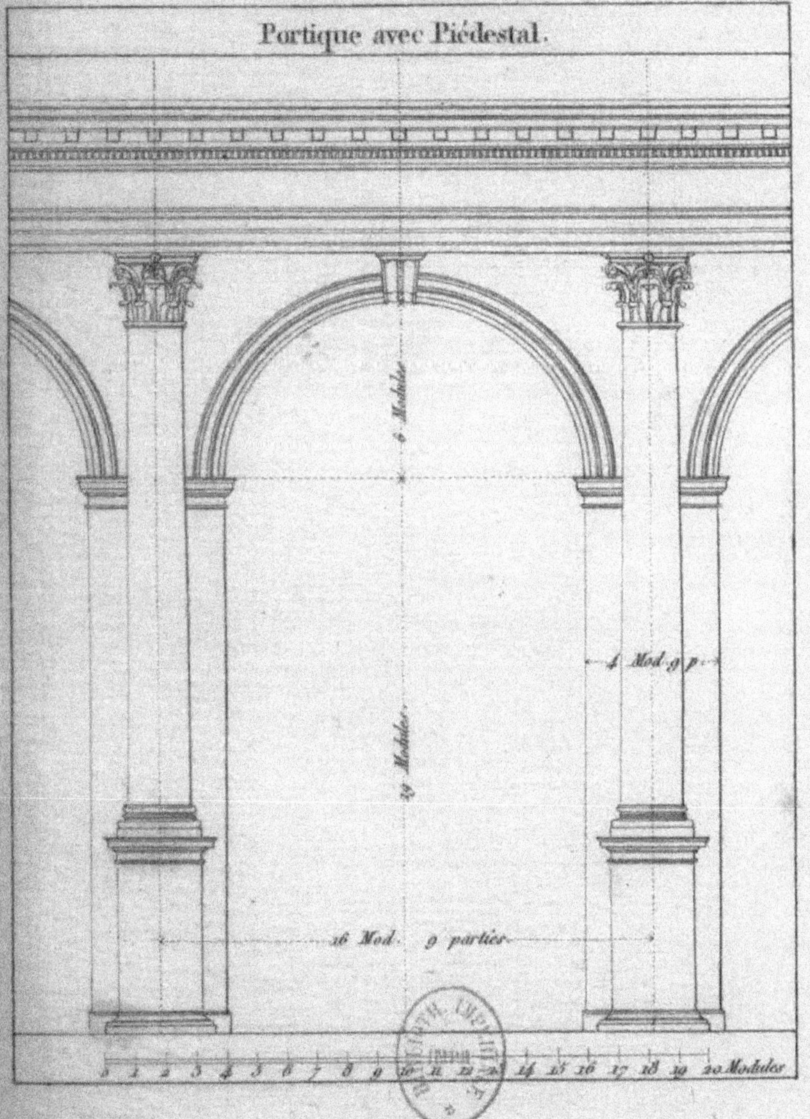

ORDRE PESTUM. Pl. 30.

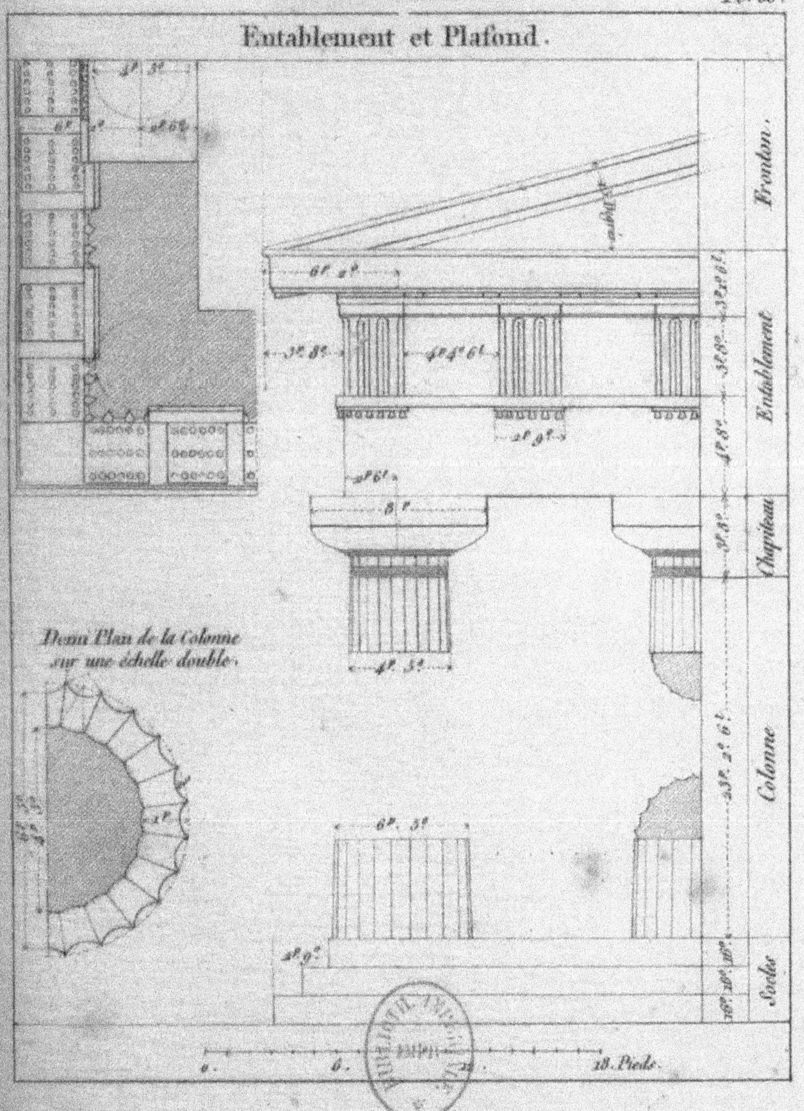

ORDRE PESTUM.

Détails de l'Entablement et du Chapiteau.

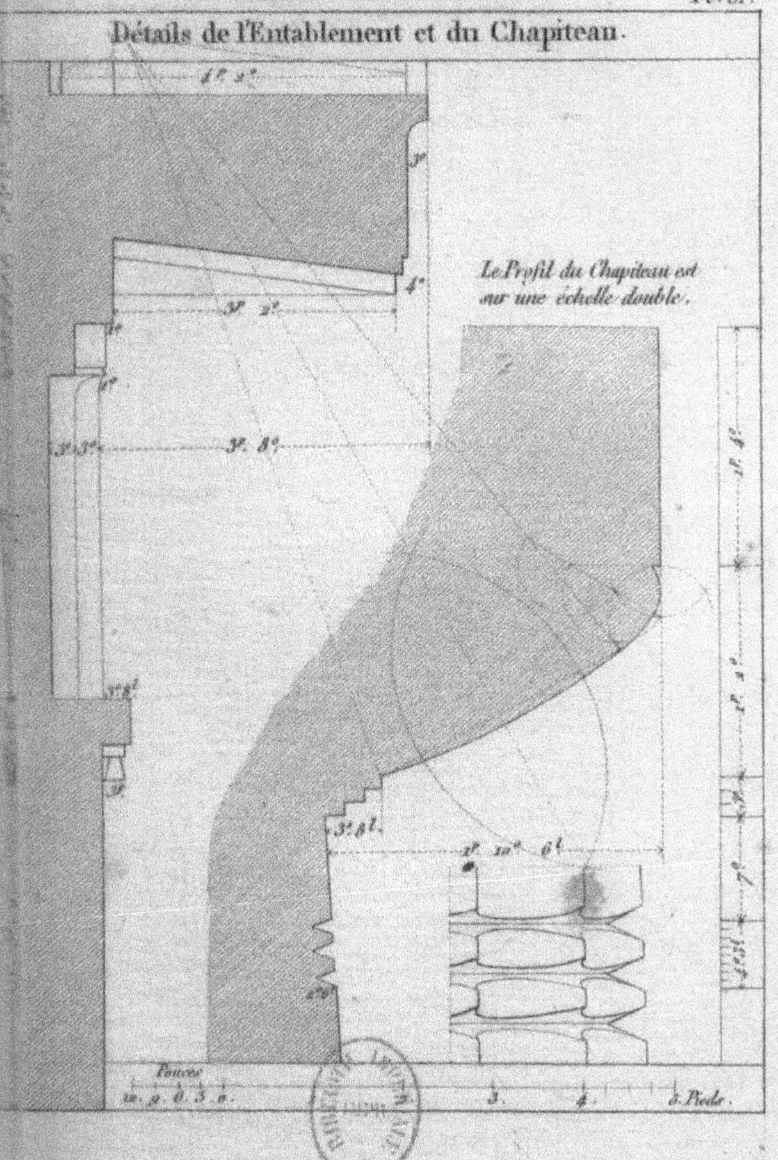

Façade d'un Temple de Pestum. Pl. 32.

Plan

74 P. 3º. 6l.

24 P.

6 12 18 24 30 60 Pieds

Frontons, Portes, Croisées et Bossages.

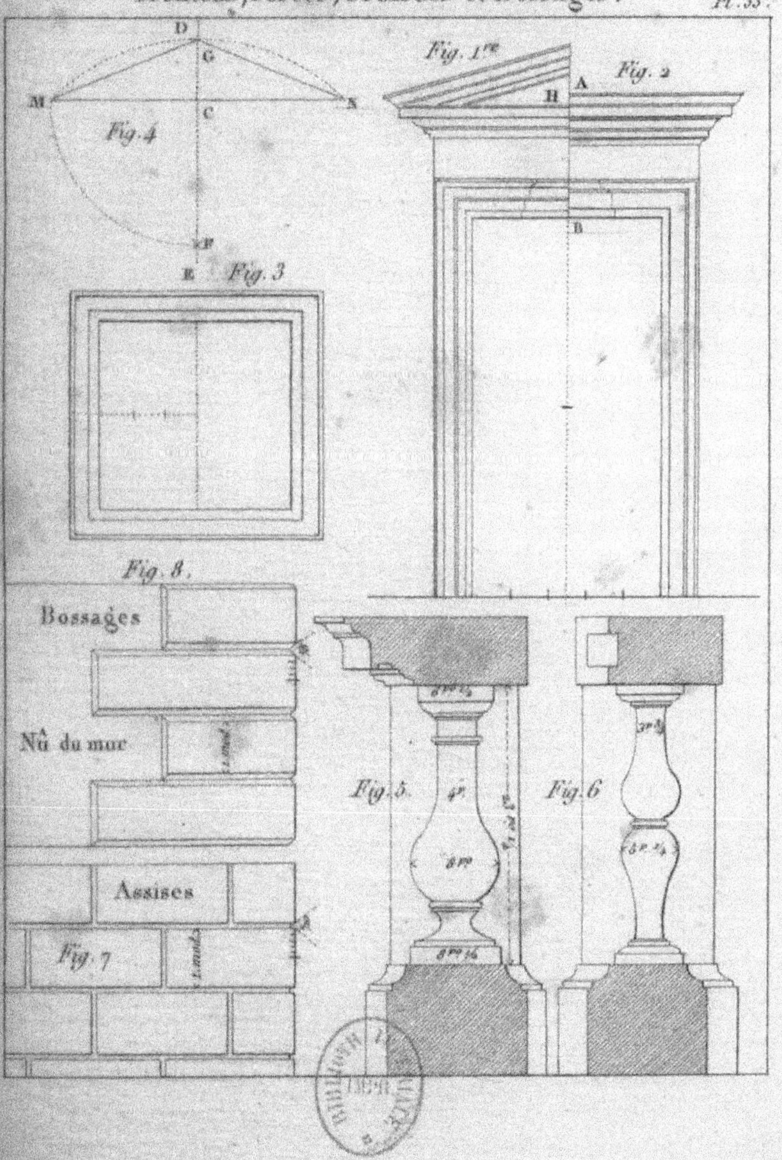

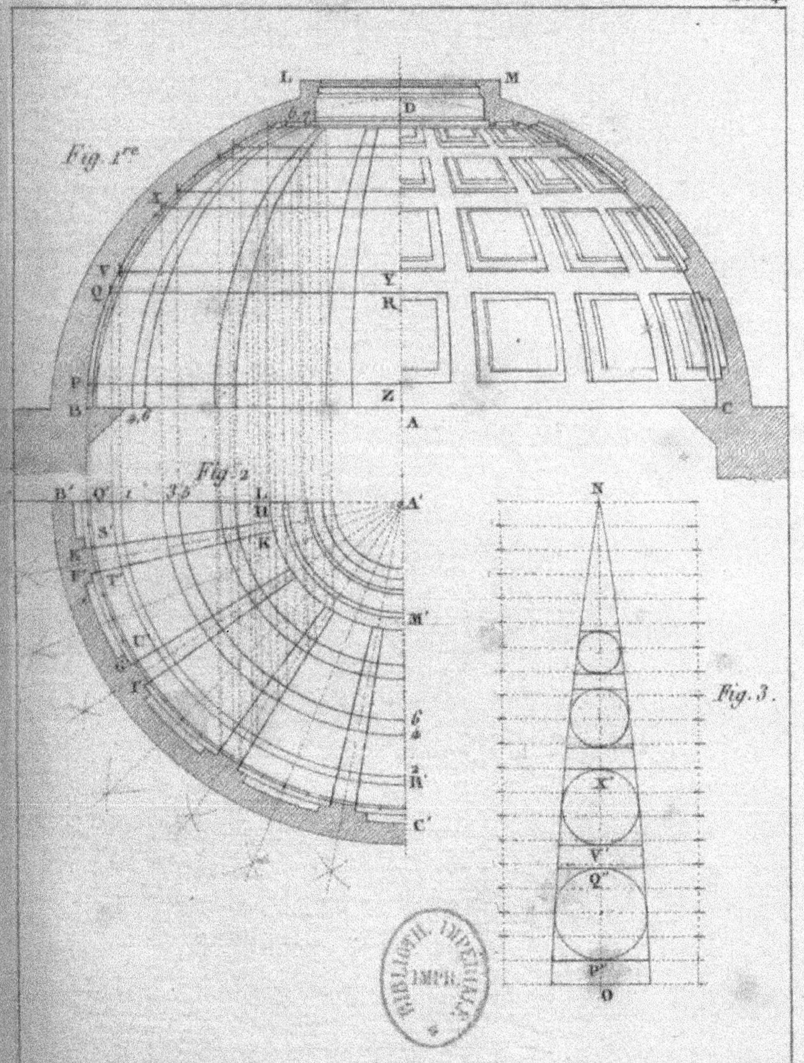
Fig. 1re
L
M
D
V
Q
Y
R
P
Z
B
C
A
Fig. 2
B'
Q'
L
H
A'
S'
K
M'
R'
C'
Fig. 3.
N
X'
V'
Q'
P'
O

www.ingramcontent.com/pod-product-compliance
Ingram Content Group UK Ltd.
Pitfield, Milton Keynes, MK11 3LW, UK
UKHW020927180726
13838UKWH00002B/799

9 782329 260556